W0197986

BusinessVillage

Markus Czerner

Alles Kopfsache

Punktgenau in Höchstform

BusinessVillage

Impressum

Markus Czerner
Alles Kopfsache
Punktgenau in Höchstform
2. Auflage 2019
© BusinessVillage GmbH, Göttingen

Bestellnummern
ISBN 978-3-86980-396-8 (Druckausgabe)
ISBN 978-3-86980-397-5 (E-Book, PDF)
ISBN 978-3-86980-398-2 (EPUB)

Direktbezug www.BusinessVillage.de/bl/1015

Bezugs- und Verlagsanschrift
BusinessVillage GmbH
Reinhäuser Landstraße 22
37083 Göttingen
Telefon: +49 (0)5 51 20 99–100
Fax: +49 (0)5 51 20 99–105
E–Mail: info@businessvillage.de
Web: www.businessvillage.de

Layout und Satz Sabine Kempke

Illustration auf dem Umschlag jpa1999, www.istockphoto.de

Druck und Bindung www.booksfactory.de

Copyrightvermerk
Das Werk einschließlich aller seiner Teile ist urheberrechtlich geschützt. Jede Verwertung außerhalb der engen Grenzen des Urheberrechtsgesetzes ist ohne Zustimmung des Verlages unzulässig und strafbar. Das gilt insbesondere für Vervielfältigung, Übersetzung, Mikroverfilmung und die Einspeicherung und Verarbeitung in elektronischen Systemen. Alle in diesem Buch enthaltenen Angaben, Ergebnisse usw. wurden von dem Autor nach bestem Wissen erstellt. Sie erfolgen ohne jegliche Verpflichtung oder Garantie des Verlages. Er übernimmt deshalb keinerlei Verantwortung und Haftung für etwa vorhandene Unrichtigkeiten. Die Wiedergabe von Gebrauchsnamen, Handelsnamen, Warenbezeichnungen usw. in diesem Werk berechtigt auch ohne besondere Kennzeichnung nicht zu der Annahme, dass solche Namen im Sinne der Warenzeichen- und Markenschutz-Gesetzgebung als frei zu betrachten wären und daher von jedermann benutzt werden dürfen.

Inhalt

Über den Autor

Markus Czerner ist seit 2012 Keynote Speaker und Experte für mentale Stärke, Motivation und Erfolg. In den letzten Jahren ist er zu einem Top-Speaker avanciert. Als aktiver Leistungssportler bringt er die Erfolgsstrategien der Spitzensportler immer wieder in seine Arbeit ein. Im Fokus seiner Arbeit steht der mentale Bereich, denn auch er hat früh erkannt, dass die mentale Verfassung entscheidend für die eigene Leistung ist und über Erfolg oder Misserfolg entscheidet.

Dabei kennt Markus Czerner beide Welten: Die Sportwelt und die Businesswelt. Mit fünfzehn Jahren spielte er bereits in der höchsten Tennisliga Deutschlands. Es folgten über zweihundert Turniere national und international, bevor eine Schulterverletzung größere Erfolge zunichte machte. Er studierte internationales Marketing in den Niederlanden, machte sein Diplom und bereits ein Jahr danach arbeitete er im Management des ehemaligen Formel-1-Piloten Nick Heidfeld. Zwei Jahre später gründete er seine eigene Sportvermarktungsagentur und betreute als

Geschäftsführer Sportler in den Bereichen Marketing und Management. Seit 2012 lebt er seinen Traum vom Keynote-Speaker.

Kontakt
E-Mail: info@markusczerner.de
Web: www.markusczerner.de

Vorwort

»Schon wieder ein Buch zum Thema mentale Stärke, Motivation und Erfolg?« Einen solchen Gedankengang kann ich Ihnen nicht verübeln. Die Buchläden und Online-Buchshops sind voll mit Literatur zu diesem Thema. Warum sollten Sie also ausgerechnet mein Buch lesen? Weil es anders ist!

Das Buch macht Sie nicht zum Millionär in drei Monaten, wie es leider in vielen Büchern versprochen wird. Sie werden auch nicht in zwei Monaten einen dicken Sportwagen auf Ihrer Garageneinfahrt stehen haben – zumindest nicht, weil Sie dieses Buch gelesen haben. Sie werden auch keine Schritt-für-Schritt-Anleitungen erhalten, die Sie zum Erfolg führen, und Ihre Motivation wird mit Zuschlagen des ausgelesenen Buches auch nicht mit Ihnen durchgehen.

Sie erhalten dafür jedoch wertvolles Wissen. Wissen, mit dem Sie mentale Voraussetzungen für Ihren persönlichen Erfolg legen. Ich werde Ihnen zeigen, wie Sie es schaffen können, punktgenaue Höchstleistungen abzurufen, damit Sie erfolgreich sein können. Ich zeige Ihnen, wie Sie sich mental auf die wichtigen und entscheidenden Situationen in Ihrem Leben und Ihrer Karriere vorbereiten, damit Sie genau diese Momente für sich nutzen. Um es auf den Punkt zu bringen: Ich zeige Ihnen, wie Sie Ihre Ziele erreichen!

Meine Welt ist von klein auf die Welt des Leistungssports. Ich liebe den Sport und habe durch den Sport früh gelernt, wie abhängig die eigene Leistung von der mentalen Verfassung ist. Ich schreibe in diesem Buch über nichts, was ich nicht selbst erlebt und am eigenen Leib erfahren habe – positiv wie negativ.

Warum ich dieses Buch geschrieben habe? Als ich nach dem Studium meinen ersten Job in der Wirtschaft innehatte, habe ich schnell gemerkt, dass es in Bezug auf Leistung, Erfolg, Druck und Erwartungen überhaupt keinen Unterschied zu der Sportwelt gibt. Der eigentliche Unterschied besteht lediglich darin, dass in der Sportwelt mentale Stärke trainiert wird und in der Businesswelt nicht, was ein fataler Fehler ist. Ich war dankbar. Dankbar, dass ich mental gestärkt aus der Sportwelt in die Businesswelt gekommen war, denn sonst hätte ich meinen Weg nicht gehen können.

Ein Schlüsselerlebnis möchte ich Ihnen gerne schildern: Ein paar Jahre nach meinem Studium gab es ein Ehemaligentreffen. Die Menschen, die zu Uni-Zeiten mit Top-Noten glänzten, vom Ehrgeiz besessen und überdurchschnittlich talentiert waren sowie ihr Studium mit Auszeichnung und mehreren Empfehlungsschreiben abgeschlossen haben – jeder von ihnen hatte schon während des Studiums große Karriereziele. Die Wenigsten von ihnen hatten Jahre später auch nur eines dieser Ziele erreicht.

Manche machten immer noch ein Praktikum, einige hatten ihren ersten Burn-out, ein paar andere fühlten sich von ständigen Absagen auf Bewerbungen völlig gekränkt und aus der Bahn geworfen. Ich fragte mich, wie das möglich war, mit so viel Talent und so großen Zielen vor Augen so wenig erreicht zu haben. Die Antwort habe ich schnell gefunden. Es lag nicht an ihrem Leistungsvermögen, das war ohne Frage auf einem äußerst hohen Level. Es lag an ihrer mentalen Verfassung.

Je fester ich in der Berufswelt Fuß gefasst hatte, desto mehr merkte ich, dass die meisten Menschen mit diesen Problemen zu kämpfen hatten. Natürlich in unterschiedlichen Situationen und unter unterschiedlichen Umständen, aber unter dem Strich kam immer das Gleiche heraus: Die meisten Menschen scheiterten an ihrem Kopf – an sich selbst.

Deswegen habe ich dieses Buch geschrieben. Es ist mir ein tiefes Bedürfnis, Ihnen zu zeigen, dass jeder von Ihnen erfolgreich sein kann. Dass jeder von Ihnen seine Ziele erreichen kann. Erfolg ist kein Resultat des Glücks. Erfolg ist erlernbar, absehbar und trainierbar. Viel mehr noch: Erfolg ist eine Lebenseinstellung. Mir ist es ebenso ein Bedürfnis, zu zeigen, wie Erfolg funktioniert. Es steckt oftmals viel mehr in uns, als wir glauben. Ich zeige Ihnen, wie Sie Ihr volles Leistungsvermögen entfalten.

Lassen Sie sich von mir inspirieren, mehr aus sich heraus-
zuholen. Lassen Sie sich von mir inspirieren, erfolgreich
zu sein! Lassen Sie sich von mir inspirieren, das Leben zu
leben, das Sie leben wollen.

Legen Sie mit mir zusammen die Grundlage für eine erfolgreiche Karriere und ein erfolgreiches Leben – in Ihrem Kopf.

Dabei werde ich Ihnen sehr wahrscheinlich nichts erzählen,
was Sie nicht schon kennen oder nicht schon einmal
irgendwo gehört haben – aber ich werde es in einen völlig
neuen und einzigartigen Zusammenhang bringen. Ich bin
von der Sportwelt in die Businesswelt gekommen, sodass
ich beide Bereiche kenne. Lassen Sie sich überraschen, wie
ähnlich sich beide Welten sind.

Viel Spaß!

Einleitung

Als ich fünfzehn Jahre alt war, hat mein früherer Tennistrainer einmal was zu mir gesagt, was ich nie vergessen werde. Etwas, das mich in meinem Leben sehr geprägt hat. Er sagte: »Markus, die ganz großen Sportler zeichnet eines aus: Sie haben viele Wettkämpfe, aber nur ganz wenige Wettkämpfe, in denen sie nur einen Versuch haben, der über alles entscheidet. Ein Versuch, der dein Leben entscheidend und nachhaltig verändern kann. In deinem Leben hast du vielleicht zwei oder drei solcher Versuche, vielleicht aber auch nur einen – und dann musst du bereit sein, den musst du machen. Das unterscheidet die großartigen Sportler von den guten Sportlern.« Danach sagte er dann noch etwas, das ich erst etwas später verstanden habe: »Die meisten Menschen scheitern in den wichtigsten Momenten an ihrem Kopf. An sich selbst.«

Erst Jahre später habe ich verstanden, was genau er damit meinte. Erfolg ist Kopfsache. Einzig unsere mentale Verfassung entscheidet über Erfolg oder Misserfolg. Nicht nur im Sport, sondern in allen Bereichen unseres Lebens. Das gilt ganz besonders für das Berufsleben. Denn auch hier sind es oftmals die wenigen Chancen und Möglichkeiten, die wir einfach nutzen müssen. Die wenigen Chancen und Möglichkeiten, die über eine großartige Karriere oder eine durchschnittliche Karriere entscheiden.

Wie Sie solche entscheidenden Situationen zu Ihren Gunsten entscheiden, das werde ich Ihnen in diesem Buch aufzeigen. Ich stelle Ihnen fünf Erfolgsfaktoren vor, die aus meiner Welt, der Welt des Leistungssports, kommen. Fünf Erfolgsfaktoren, ohne die ich meinen Lebensweg so niemals hätte beschreiten können.

Ich sehe es immer wieder. In meinem privaten Umfeld, bei Vorträgen, bei Diskussionsrunden und Vielem mehr: Viele Menschen sind einfach unglücklich. Sie quälen sich zu ihrer Arbeit, zählen die Minuten bis zum Feierabend, trauern verpassten Chancen hinterher, schwärmen von der Vergangenheit, würden alles anders machen, wenn sie noch einmal von vorne anfangen könnten, haben Angst vor Niederlagen und Enttäuschungen, sind mutlos, trauen sich nichts zu – toll sind auch Aussagen wie »Eigentlich wollte ich ja …«. Machen wir es kurz: Viele Menschen sind mit ihrem Leben unzufrieden und wahrscheinlich auch nicht glücklich. Manche werden auch niemals glücklich werden und versuchen sich durch materielle Dinge Glück zu kaufen, um zumindest in den Augen anderer glücklich zu sein.

Ich frage dann immer wieder, warum sie denn nichts ändern. Die Antworten sind so gut wie immer gleich: »Erfolg wurde mir nicht in die Wiege gelegt«, »Mir fehlt einfach die Motivation«, »Ich muss mich mit dem zufriedengeben, was ich habe«, »Ich hatte immer so viel Pech« – all diese Antworten sind keine Antworten. Sie sind Ausreden. Mehr nicht. Es sind Ausreden, welche die Menschen sich so lange einreden, bis sie selbst daran glauben und überzeugt sind, dass es genau daran liegt.

Jeder von uns kann etwas ändern. Zu jeder Zeit. Jeder von uns kann seine Träume leben. Jeder von uns hat gleich viel Glück und Pech. Jeder von uns scheitert – auch erfolgreiche Menschen. Was ist also der Unterschied zwischen erfolgreichen und erfolglosen Menschen? Erfolgreiche Menschen bewegen sich mental auf einem ganz anderen Level. Was für ein Level das ist und wie auch Sie dieses Level erreichen, das erfahren Sie in den nächsten Kapiteln.

1.
Basics –
Erfolg, mentale Stärke und Co.

»Erfolg ist nichts, das einfach passiert – Erfolg wird erlernt. Erfolg wird trainiert.«

George Halas, American Football-Spieler

Ist Erfolg einfach nur Glück oder steckt vielleicht doch ein bisschen mehr dahinter? Warum versagen einem in wichtigen Situationen immer die Nerven, während andere in solchen Situationen über sich hinauswachsen? Kann wirklich jeder mental stark durchs Leben gehen und erfolgreich sein? Diese Fragen und viele mehr werden im ersten Kapitel beantwortet. Jeder von uns weiß, was Erfolg bedeutet. Auch kann sich sicher jeder etwas unter mentaler Stärke vorstellen. Ich möchte mit diesem Kapitel auch nicht für Langeweile sorgen und Ihnen eine Definition nach der anderen auftischen oder etwas erzählen, was Sie eh schon wissen. Vielmehr möchte ich in diesem Kapitel dem, was Sie wissen, einen neuen Blickpunkt geben.

1.1 Was Erfolg wirklich bedeutet

Vielleicht fragen Sie sich jetzt, warum es dieses Unterkapitel überhaupt gibt. Jeder weiß doch, was Erfolg bedeutet. Schließlich streben die meisten Menschen ja danach. Dieses Unterkapitel gibt es, weil die meisten Menschen heutzutage ein falsches Bild von Erfolg haben und die eigentliche Bedeutung leider ein Stück weit aus den Augen verloren haben.

Ich rede von dem erschaffenen Erfolgsbild unserer Gesellschaft. Das Erfolgsbild, das aus Geld, Reichtum, Macht und Ruhm besteht. Das Erfolgsbild, das uns in den Medien immer wieder vor Augen gehalten wird. Das Erfolgsbild, das in Zeiten sozialer Netzwerke tagtäglich kommuniziert und verbreitet wird. Leider haben die meisten Menschen genau solche Vorstellungen im Kopf, wenn es darum geht, sich erfolgreiche Menschen vorzustellen. Erfolgreich ist man erst dann, wenn vor der Haustür ein dicker Sportwagen steht, man eine teure Uhr trägt und ausschließlich in Kleidung der teuersten und namhaftesten Marken herumrennt – zumindest ist das eine Meinung, die viele Menschen vertreten. Viel mehr noch: Sie streben auch an, solch ein Erfolgsbild zu kreieren. Es ist schon ein Stück weit traurig, dass sich Menschen erhoffen, durch solche Dinge Glück und Erfüllung zu verspüren. Eben dieses Erfolgsbild ist nichts als eine Illusion. Eine große Seifenblase, die irgendwann zerplatzt.

Lassen Sie es mich auf den Punkt bringen: Materielle Dinge, egal welcher Art und welcher Herkunft, machen keinen Menschen erfolgreich und es ist auch noch kein Mensch durch solche Dinge erfolgreich geworden. Erfolg kommt nicht von außen, Erfolg ist etwas, das in Ihrem Inneren entsteht. Erfolgreich zu sein bedeutet auf sich stolz und mit sich zufrieden zu sein. Erfolg bedeutet nichts anderes, als seine persönlichen Ziele zu erreichen.

Meine persönliche Definition von Erfolg lautet daher: Erfolgreich ist, wer seine Ziele erreicht. Nicht die Ziele, die uns von außen vorgegeben werden, sondern die Ziele, die wir selbst erreichen wollen – aus welchen Gründen auch immer.

»Es gibt nur einen Erfolg – das Leben nach seinen eigenen Vorstellungen leben zu können.«

Christopher Morley, US-amerikanischer Schriftsteller und Herausgeber

Auf einen Blick
Der Besitz materieller hochwertiger Sachen hat nichts mit Erfolg zu tun. Er ist auch kein Indikator dafür, ob eine Person erfolgreich ist oder nicht. Wir lassen uns oftmals von solchen Dingen blenden und verbinden sie mit Erfolg. Mit Erfolg haben solche Sachen aber nichts zu tun. Erfolgreich ist, wer seine Ziele erreicht.

1.2 Der Mythos vom Glück beim Erfolg

Vielleicht kennen Sie das: Sie sehen einen Menschen, der auf ganzer Linie erfolgreich ist, und sagen zu sich selbst: »Mann, hat der ein Glück. Hätte ich nicht so viel Pech in meinem Leben gehabt, dann wäre einiges anders gelaufen. Dann wäre ich jetzt ganz woanders. Immer diese Glückspilze.« Sie können mir eines glauben: Jeder erfolgreiche Mensch hat genauso viel Glück und Pech, wie Sie und ich auch. Glück ist eine Variable, die es auf dem Erfolgsweg nicht gibt. Wer den Weg zum Erfolg starten möchte, muss sich nicht mit der Frage beschäftigen, ob er das nötige Glück haben wird – er muss sich mit der Frage beschäftigen, ob er bereit für den Erfolg ist.

Wir sehen bei anderen Menschen ja immer nur den Erfolg, aber nicht das, was hinter dem eigentlichen Erfolg steckt, und das sind drei Dinge:

Erstens: Verzicht

Erfolg bedeutet Verzicht. Ich wollte Tennisprofi werden. Ich war von Anfang an bereit auf ein soziales Leben zu verzichten. Als alle anderen in meinem Alter feiern gegangen sind, habe ich mich auf den nächsten Trainingstag oder ein bevorstehendes Match vorbereitet. Bin früh schlafen gegangen, um am nächsten Tag körperlich und mental topfit zu sein. Ich war von Anfang an bereit zu verzichten, denn ich wollte Tennisprofi werden. Jeder, der etwas in seinem Leben erreichen möchte, der seine Ziele erreichen möchte, muss verzichten. Je größer das Ziel, desto größer der Verzicht.

Zweitens: Harte Arbeit

Erfolg resultiert aus harter Arbeit. Wir können noch so viel Talent in etwas haben, ohne die Bereitschaft, hart zu arbeiten, werden wir damit niemals erfolgreich sein. Viele Menschen wollen Außergewöhnliches erreichen, sind aber nur bereit Durchschnittliches zu leisten. Genau das funktioniert nicht. Wer Durchschnittliches leistet, wird auch Durchschnittliches erreichen. Mit minimalem Aufwand Maximales erreichen – das ist ein Grundsatz, der sich bei vielen Menschen schon früh im Leben eingeschlichen hat. Mit dieser Einstellung seine Ziele erreichen zu wollen, ist jedoch völlig utopisch. Kleinere Ziele mögen so vielleicht noch erreicht werden können, aber sicher keine großen Lebensziele und schon gar keine Lebensträume.

Ich möchte Ihnen gerne ein kleines Beispiel zu dem Thema Erfolg und harte Arbeit nennen, das mich persönlich sehr fasziniert und inspiriert hat. Das Beispiel von der Torwartlegende Oliver Kahn. Er war unbestritten einer der besten Torwarte der Welt, wenn nicht sogar der beste Torwart der Welt. Die einen mögen ihn, die anderen mögen ihn nicht. Darum soll es hier auch gar nicht gehen.

Für viele Menschen ist klar, dass er mit außergewöhnlichem Talent gesegnet wurde und ihm die Torwarthandschuhe und somit eine großartige Karriere von Geburt an in die Wiege gelegt worden sind. In Wahrheit ist genau das Gegenteil der Fall. Oliver Kahn sagt selbst über sich, dass er nie der talentierteste Torwart gewesen ist. Aber er war derjenige, der am härtesten gearbeitet hat.

In der Anfangsphase seiner Karriere spielte er beim Karlsruher SC, bevor er von dort zu Bayern München wechselte. Kahn hatte mit seiner damaligen Mannschaft dreimal am Tag Training. Als das Mannschaftstraining beendet war und seine Mannschaftskollegen nach Hause gegangen waren, trainierte Oliver Kahn noch mit der Amateurmannschaft weiter. Und das ist noch nicht alles: Er ließ sich teilweise abends noch von seinem Vater, der in Karlsruhe Platzwart war, die Rasensprenger anmachen und trainierte Schüsse auf nassem Rasen. Oliver Kahn ist nicht zu einem der weltbesten Torhüter geworden, weil er das meiste Talent hatte, sondern weil er am härtesten dafür gearbeitet hat (Bossaller 2008).

Talent ohne harte Arbeit ist wertlos. Erfolg ohne harte Arbeit ist aussichtslos. Darüber muss sich jeder Mensch, der Erfolg anstrebt, im Klaren sein. Es ist auch nicht schlimm, wenn man an diesem Punkt zu der Erkenntnis kommt, mit durchschnittlicher Leistung und durchschnittlicher Arbeit zufrieden zu sein. Das ist völlig in Ordnung. Es darf dann nur nicht der Fehler gemacht werden, von seinem Leben oder seiner Karriere etwas Außergewöhnliches zu erwarten.

Egal, wie viel Talent du hast: Es gibt nur einen einzigen Weg, etwas daraus zu machen: Harte Arbeit!

Drittens: Keine Komfortzone

Sicherlich haben Sie den Begriff Komfortzone oder auch Wohlfühloase schon einmal gehört. Es ist der Bereich in unserem Leben, in dem es uns gut geht, wir keine Risiken eingehen müssen und auch keinerlei Gefahren ausgesetzt sind. Alles ist einfach und es kann uns nichts passieren. Leider findet Erfolg niemals innerhalb dieser Komfortzone statt.

Erfolg setzt Niederlagen, Enttäuschungen und Schmerz voraus. Glauben Sie mir, jeder erfolgreiche Mensch war ganz unten, bevor er ganz oben war. Wer etwas in seinem Leben erreichen will, der muss auch bereit sein den nötigen Weg dahin zu gehen. Leider entscheiden sich viele Menschen für den einfachen Weg. Auf dem Weg zum Erfolg gibt es aber keine Abkürzungen.

Persönliche Entwicklung findet außerhalb des Wohlfühlbereichs statt

Natürlich bringt das Verlassen unserer Komfortzone Risiken mit sich, aber es sorgt auch für Weiterentwicklung. Wer seine persönlichen Ziele erreichen möchte, muss sich persönlich stets weiterentwickeln und diese Entwicklung findet nun einmal nicht in unserem Wohlfühlbereich statt.

Betrachten wir einen Menschen, der regelmäßig eine Lauf-
strecke von fünf Kilometern joggt. Seit mehreren Jahren
läuft er diese Strecke durchschnittlich drei Mal die Woche.
Diese fünf Kilometer stellen für ihn keine Herausforderung
mehr dar. Er läuft sie innerhalb seiner Komfortzone. Hat
er jetzt aber das Ziel, einen Marathon zu laufen, wird er
dieses Ziel nicht innerhalb seiner Komfortzone erreichen.
Das ist schlichtweg unmöglich. Er muss also seine Komfortzone verlassen. Eine Strecke von zehn Kilometern ist bereits
eine Qual. Die Kondition versagt, die Muskeln krampfen
und schmerzen. Alles, was hier passiert, ist das Gegenteil
von dem, was in der Komfortzone passiert. Aber mit jedem
Schritt, der außerhalb der Komfortzone gelaufen wird, wird
man besser. Man beginnt sich weiterzuentwickeln und sich
seinem Ziel sukzessive zu nähern. Bis man es erreicht hat.
Am Ende wartet dann der Erfolg.

»Alles, was ich zum Siegen tun muss, ist leiden.«

Muhammad Ali, Boxweltmeister im Schwergewicht

Sind Sie bereit für den Erfolg?

Verzicht, harte Arbeit, keine Komfortzone – das sind die
drei grundsätzlichen Voraussetzungen für Erfolg. Der Faktor
Glück spielt hier überhaupt keine Rolle. Glück mag uns auf
dem Erfolgsweg ein wenig schneller voranbringen, aber es ist
nicht ausschlaggebend. Gleiches gilt für das Pech. Zu sagen,
man hat keinen Erfolg gehabt, weil man in einigen wich-

tigen Situationen einfach Pech hatte, ist einfach, entspricht aber nie der Wahrheit. Pech verlangsamt das Eintreten des Erfolgs vielleicht, verhindert es aber nicht. Ausgenommen sind hier natürlich Schicksalsschläge wie Unfälle und Krankheiten – über diese Art von schicksalhaftem Pech rede ich an dieser Stelle nicht.

Also, meine persönliche Frage an Sie: Sind Sie bereit für den Erfolg? Jeder muss für sich selbst entscheiden, ob er bereit ist zu verzichten, hart zu arbeiten und seine Komfortzone zu verlassen. Die Entscheidung kann ich Ihnen nicht abnehmen. Sie müssen die Entscheidung auch nicht jetzt treffen. Aber ich kann Ihnen sagen, dass es sich lohnt diese drei Bedingungen einzugehen. Auch wenn Sie jetzt vielleicht der Meinung sind, Verzicht und harte Arbeit sind so gar nicht Ihr Ding und sich in Ihrer Komfortzone pudelwohl fühlen – legen Sie das Buch nicht weg. Die nächsten Kapitel werden Ihre Einstellung dazu sicher verändern, da bin ich mir sicher.

Auf einen Blick
Kein Mensch hat seinen Erfolg dem Faktor Glück zu verdanken. Erfolg resultiert aus Verzicht, harter Arbeit und der Bereitschaft, seine Komfortzone zu verlassen. Viele Menschen haben den Anspruch, Außergewöhnliches zu erreichen, sind aber nur bereit Durchschnittliches zu leisten. Erfolg kann so nicht funktionieren. Wer Durchschnittliches leistet, wird auch Durchschnittliches erreichen.

1.3 Mentale Verfassung: Inkubator unserer Leistung

Mein früherer Tennistrainer hat sehr viel Wert auf den mentalen Bereich gelegt. Ich habe nach ihm keinen Trainer mehr kennengelernt, der das Motto »Tennis ist 10 Prozent Technik und 90 Prozent Kopfsache« so sehr gelebt hat wie er. Irgendwann sagte er einmal was zu mir, das ich erst etwas später verstanden habe: »Die meisten Menschen bekommen in den entscheidenden Situationen Angst. Die einen Angst zu gewinnen, die anderen Angst zu verlieren – beide scheitern an ihrem Kopf.«

Ich hatte damals keine Ahnung, wie er das meinte. Angst zu verlieren – das konnte ich noch ein Stück weit nachvollziehen, aber wie kann jemand Angst davor haben zu gewinnen? Ich weiß nicht, wie es Ihnen geht, aber ich finde Gewinnen toll. Zum damaligen Zeitpunkt konnte ich nicht verstehen, wie jemand vor so etwas Schönem und Einzigartigem Angst haben kann.

Mit sechzehn Jahren spielte ich mein erstes Herren-Tennisturnier. Ich hatte Losglück und musste, als ungesetzter Spieler, direkt in der ersten Runde gegen die Nummer eins der Setzliste spielen. Ich war absoluter Außenseiter und dachte mir von Anfang an, dass ich frei aufspielen kann und nichts zu verlieren habe. Mit dieser Einstellung bin ich wunderbar ins Match gestartet und gewann den ersten Satz mit 6:4. Auch im zweiten Satz konnte ich das Niveau halten und spielte mein bestes Tennis. So kam es dann auch, dass ich meinem Gegner früh den Aufschlag abnahm und im zweiten Satz mit 5:4 führte. Vier Punkte trennten mich noch vom Sieg. Vier Punkte, die ich bei eigenem Aufschlag selbst bestimmen konnte. Ich verlor den ersten Punkt und machte drei in Folge. 40:15. Zwei Matchbälle.

Ich stellte mich an die Grundlinie, positionierte mich für den Aufschlag und auf einmal hatte ich einen Gedanken im Kopf: Ich gewinne gegen die Nummer eins der Setzliste – und das bei meinem ersten Herrenturnier, Wahnsinn! Und auf einmal war sie da, die Angst. Ich kann Ihnen gar nicht mal sagen, warum und wovor ich Angst hatte. Ich hatte einfach Angst. Mein rechter Arm wurde immer schwerer und schwerer, meine Knie fingen an zu zittern und ich wurde total nervös. Ich gab beide Matchbälle jeweils mit einem Doppelfehler ab, obwohl ich im ganzen Match zuvor nicht einen einzigen Doppelfehler produziert hatte. Ich verlor den zweiten Satz noch mit 5:7 und den dritten, entscheidenden Satz mit 0:6.

Mir persönlich sind an diesem Tag zwei Dinge klar geworden. Erstens: Ich bin anscheinend an meinem Kopf gescheitert. Zweitens: Meine mentale Verfassung hat Auswirkungen auf meine Leistung. Ich habe dann am selben Abend noch meinen Tennistrainer angerufen und ihm von dem Match erzählt. Er schmunzelte nur in den Telefonhörer und sagte mir, dass mein Kopf einfach nicht bereit für den Sieg war.

Ich konnte meine körperliche Leistung in der entscheidenden Phase eines Matches nicht mehr abrufen, aber es sollte mein Kopf gewesen sein, der nicht für den Sieg bereit war? Viele Jahre später habe ich erkannt, dass er recht hatte. Viel mehr noch: Ich habe erkannt, dass dieses Phänomen weit verbreitet ist.

Im Training top – im Wettkampf flopp

Sowohl in der Sport- als auch in der Businesswelt gibt es sogenannte Trainingsweltmeister. Menschen, denen im Training alles gelingt. Die besten Schläge, die besten Präsentationen, die besten Kundengespräche, einfach alles. Im Wettkampf, wenn es drauf ankommt, sind sie aber deutlich schlechter. Training und Wettkampf stehen hier nicht für die Sportwelt, sondern für alle Bereiche des Lebens. Training ist die Vorbereitungszeit, wenn Sie noch keine Leistung bringen müssen, Wettkampf steht für die Situationen, in denen es drauf ankommt. Die Situationen, in denen Sie Ihre beste Leistung abrufen müssen.

Vielleicht kennen Sie dieses Phänomen noch aus Schul- oder Studienzeiten, als Sie sich auf Prüfungen vorbereitet haben. zu Hause oder in Ihrer Lerngruppe wussten Sie alles. Es gab keine Frage, die Sie nicht beantworten konnten. Sie waren auf die Prüfung perfekt vorbereitet. Und als Sie dann, top vorbereitet, in der Prüfung saßen, wussten Sie auf einmal nichts mehr. Alles, was Sie gelernt hatten, war weg. Die einfachsten Fragen kamen Ihnen chinesisch vor. Nach der Prüfung, die Sie schlichtweg versaut haben, ist Ihnen dann alles wieder eingefallen.

Kommt Ihnen diese Situation bekannt vor? Sie sind der Meinung, einfach nur einen schlechten Tag gehabt zu haben? Hatten Sie nicht! Dieses Phänomen hat nichts mit der Tagesform zu tun, wie viele Menschen immer meinen. Dieses Phänomen ist schlicht und einfach Ausdruck einer unterschiedlichen mentalen Verfassung. Laufen Sie einmal über einen zehn Zentimeter breiten Balken am Boden und einmal über einen zehn Zentimeter breiten Balken in zwei Meter Höhe – glauben Sie mir, dann werden Sie den Unterschied in Ihrer mentalen Verfassung kennenlernen.

Vielleicht fragen Sie sich jetzt, warum das so ist. Die Antwort ist ganz einfach: Im Training ist kaum Druck da. Man ist locker drauf, hat keine Ängste, es kann einem nichts passieren. Im Wettkampf, wenn es drauf ankommt, sieht das aber ganz anders aus, denn man kann gewinnen

– oder verlieren. Viele Menschen sind der Meinung, dass im Prinzip ja jeder von uns ein Trainingsweltmeister ist und in der Vorbereitung besser ist als im Wettkampf. Bei erfolgreichen Menschen ist das genaue Gegenteil der Fall. Spitzensportler zum Beispiel sind im Training tatsächlich um einiges schlechter als im Wettkampf. Sie sind im Training gar nicht in der Lage, das Leistungsniveau abzurufen, das sie im Wettkampf abrufen. Im Wettkampf können sie immer noch einmal eine Leistungsschippe drauflegen.

Erfolgreiche Menschen überqueren den Balken in zwei Meter Höhe, übertragen gesehen, schneller als den auf dem Boden liegenden – weil sie Druck verspüren und dadurch ihre absolut beste Leistung abrufen können, während die meisten Menschen in genau der gleichen Situation ihre schlechteste Leistung abrufen. Die Grundlage dafür wird auf der Mentalebene gelegt, weil sie wissen, dass ihre mentale Verfassung entscheidend für die eigene Leistung ist. Genau an diesem Punkt setzt mentale Stärke an. Mentale Voraussetzungen für den Erfolg schaffen, besser gesagt, den eigenen Kopf auf den Erfolg vorbereiten.

Die mentale Verfassung ist entscheidend für die eigene Leistung.

Auf einen Blick

Einer der entscheidendsten Erfolgsfaktoren ist die mentale Verfassung. Die meisten Menschen verfügen über ein sehr hohes Leistungspotenzial, sind aber nicht in der Lage, dieses in Drucksituationen abzurufen. Ohne Druck hingegen sind sie es. Diese Differenz hat nichts mit der Tagesform zu tun, sondern ist Ausdruck von unterschiedlichen mentalen Verfassungen.

1.4 Die Bedeutung von mentaler Stärke

Am 15. Januar 2009 geschah etwas, was viele Menschen ein Wunder nannten: 155 Menschen an Board eines Airbus auf dem Weg von New York nach Charlotte, North Carolina – Triebwerkausfall kurz nach dem Start über New York. Flugkapitän Chesley Sullenberger ahnte schnell, dass er keinen Flughafen mehr für eine Notlandung erreichen würde. Er traf eine unglaubliche Entscheidung: Notlandung auf dem Hudson River. Der 57-Jährige schaffte das schier Unmögliche und landete den Airbus auf dem Hudson River, rettete allen 155 Menschen an Board das Leben.

Die Weltpresse hat schnell von einem Wunder gesprochen – für Psychologen war jedoch schnell klar, dass der Pilot eindrucksvoll unter Beweis gestellt hat, was mentale Stärke bedeutet. Viel mehr noch: was mit mentaler Stärke auf der

Leistungsebene möglich ist. Ein Pilot, der von jetzt auf gleich aus seiner Routine gezerrt wurde und auf den Punkt genau in der Lage war, seine Leistung abzurufen – die Leistung, auf die er jahrzehntelang hingearbeitet hat. Hier war jemand, der entgegen aller Umstände seine absolut beste Leistung abgerufen hat, und zwar als er diese Leistung brauchte.

Mal ganz ehrlich: Fasziniert Sie das? Ich denke schon. Es fasziniert wahrscheinlich noch viel mehr, wenn man sich selbst fragt, ob man in solch einer Situation überhaupt noch zum Handeln in der Lage wäre. Es sind doch so oder so zumeist die Menschen, die uns faszinieren, die sich von keinen externen Einflüssen aus der Ruhe bringen lassen und dann auch noch mit ihrer besten Leistung auftrumpfen.

Besonders aus der Sportwelt ist der Begriff mentale Stärke bekannt und allgegenwärtig. Auch hier ist es für viele Menschen faszinierend zu sehen, wie Sportler in den entscheidenden Situationen ihre absolut beste Leistung abrufen und über sich hinauswachsen. Es fasziniert uns zumeist deshalb, weil wir selbst diese Fähigkeit nicht besitzen und in wichtigen Situationen oftmals unter den eigenen Erwartungen bleiben.

Mentale Stärke ist aber nicht nur etwas aus der Sportwelt und für sie, sie hat es schon längst in den wirtschaftlichen Bereich geschafft und ist eine Eigenschaft, die alle erfolgreichen Menschen mit bringen. Sich während eines Vortrages vor fünfhundert Zuhörern in absoluter Höchstform zu präsentieren, den schon sicher verloren geglaubten Kunden im letzten Meeting doch noch zu überzeugen – das sind die Momente, die zählen und oftmals in der Karriere den entscheidenden Unterschied machen.

Doch was bedeutet mentale Stärke eigentlich? Mentale Stärke ist die Fähigkeit, im entscheidenden Moment, unter den gegebenen Bedingungen, die bestmögliche Leistung abzurufen. Es ist die geistige Leistungsfähigkeit, die bewusst und unbewusst über Erfolg und Misserfolg entscheidet. Auf den Punkt gebracht bedeutet es, dass sich mental starke Menschen in wichtigen Situationen an ihrer Leistungsobergrenze bewegen, und zwar unabhängig von äußerlichen Widrigkeiten und externen Hindernissen. Mentale Stärke ist in vielen Situationen der Schlüssel zum Erfolg.

Auch das mentale Training hat seinen Ursprung in der Welt des Sports. Das einzige Ziel des mentalen Trainings ist es, mentale Stärke zu erlangen. Spitzensportler lernen sehr früh in ihren Karrieren, in den wichtigen und entscheidenden Situationen unter schwierigen Bedingungen all ihre Fähigkeiten und Ressourcen optimal zu nutzen. Am Ende des

Tages wird diese Fähigkeit dann meistens mit dem Erfolg belohnt.

In der Wirtschaftswelt kommt diese Fähigkeit aktuell noch viel zu kurz. Es wird immerzu darauf geachtet, fachlich top ausgebildetes Personal einzustellen. Auch die Bildungsinstitute sind bestrebt, Absolventen fachlich bestens ausgebildet in die freie Wildbahn zu schicken. Viele Mitarbeiter sind dementsprechend auch fachlich top, haben aber nie gelernt mit Stresssituationen umzugehen. Entsprechend sind sie dann eben auch nicht in der Lage, unter Stress eine top Leistung zu erbringen. Der Spitzensport weiß schon seit langer Zeit, dass es mehr als fachlicher Kompetenz bedarf, um erfolgreich zu sein. Ein wichtiger Schlüssel dazu ist die mentale Stärke.

Auf einen Blick

Mentale Stärke bedeutet nichts anderes, als die Fähigkeit, im entscheidenden Moment unter den gegebenen Bedingungen die bestmögliche Leistung abzurufen. Eine besondere Rolle spielt dabei das Unterbewusstsein. Es ist beeinflussbar und zwar durch unsere Gedanken. Wir selbst entscheiden völlig unbewusst, ob wir erfolgreich handeln oder nicht.

1.5 Wie das Unterbewusstsein das Handeln lenkt

Es wird viel über mentales Training und den mentalen Bereich geschrieben und philosophiert. Die einzige nennenswerte Erkenntnis, die wirklich da ist, lautet: Unser Unterbewusstsein kann aktiv mithilfe unserer Gedanken in Bezug auf Erfolg oder Misserfolg beeinflusst werden.

Unser Unterbewusstsein durch unsere Gedanken beeinflussen – es ist also möglich unsere Mentalebene aktiv zu beeinflussen. Mentale Stärke ist uns nicht in die Wiege gelegt worden, sondern ist erlernbar und trainierbar. Wie genau, das werde ich Ihnen in den nächsten Kapiteln zeigen. Alles, was ich Ihnen vorstellen werde, zielt darauf ab, die entscheidenden Momente, die Momente, in denen es drauf ankommt, durch mentale Stärke für sich zu nutzen.

Im mentalen Bereich geht es primär darum, das eigene Unterbewusstsein so zu beeinflussen, dass erfolgreich gehandelt werden kann. Es wird schwer, einen Mental- oder Erfolgstrainer zu finden, der in seiner Arbeit nicht auf die Thematik und Funktionsweise des Unterbewusstseins zurückgreift. Dennoch gibt es keine einschlägigen wissenschaftlichen Beweise für dessen Existenz. Wir wollen uns jetzt auch gar nicht mit der Frage beschäftigen, ob es das Unterbewusstsein tatsächlich gibt oder andere Bezeichnungen dafür sinnvoller wären. Das ist ein Punkt, mit dem sich Psychologie und Wissenschaft die nächsten Jahre sicherlich immer wieder beschäftigen werden. Im mentalen Training wird das Vorhandensein des Unterbewusstseins nicht infrage gestellt.

Was ist das Unterbewusstsein genau?

Das Unterbewusstsein ist die Summe aller Vorstellungen, Erinnerungen, Eindrücke, Motive, Einstellungen und Handlungsimpulse, die in uns sind, aber zur Zeit nicht aktiv sind (Kaufer 2015). Auch wenn diese Elemente inaktiv sind, beeinflussen sie unser tägliches Handeln und Denken.

Es lässt sich im übertragenen Sinne mit einer Schallplatte vergleichen: Als wir geboren wurden, hat jeder von uns mit einer Kunststoffplatte begonnen, in der sich noch keine Rillen befanden. Sie war leer. Von unserem ersten Tag an ritzte jedes Wort, das wir hörten, und jede Erfahrung, die wir gemachten eine Rille in diese Platte. Je öfter wir etwas gehört und erlebt haben, je intensiver und schmerzlicher das war, desto tiefer wurden diese Rillen. Alles, was wir hören und erleben, wird als richtig und wichtig im Unterbewusstsein abgespeichert, völlig egal ob die Informationen richtig oder falsch, gut oder schädlich sind.

Im Unterbewusstsein liegen unsere Verhaltensprogramme

Großer Nachteil: Das Unterbewusstsein kann nicht kritisch denken. Es unterscheidet nicht zwischen dem, was gut oder nicht gut für uns ist – es führt einfach nur Befehle aus, ohne Wenn und Aber. Schlägt es Ihnen vielleicht auf den Magen, wenn Sie kritisiert werden? Haben Sie Schuldgefühle, wenn Sie jemandem eine Bitte ausschlagen? Dann kennen Sie die Macht Ihres Unterbewusstseins. Wann immer ein bestimmter Knopf bei Ihnen gedrückt wird, spult Ihr Unterbewusstsein ganz automatisch das dafür angelegte Gefühls- und Verhaltensprogramm ab.

Wie wir Menschen in ganz bestimmten Situationen reagieren, ist das Ergebnis aller Programme unseres Unterbewusstseins. Werden wir schnell eifersüchtig, gibt es für diese Reaktion ein Programm. Haben wir oft mit Ängsten zu kämpfen, gibt es hierfür ein Programm. Unsere ganze innere Haltung resultiert aus der Summe aller Programme. Ein fundamentales Ziel des mentalen Trainings besteht also darin, das Unterbewusstsein mit erfolgreichen Programmen zu versehen. Das kann mitunter auch bedeuten, dass alte, erfolglose Programme ersetzt werden müssen.

Automatismen werden im Unterbewusstsein abgelegt

Wir stehen morgens auf, wenn der Wecker klingelt, gehen ins Bad, machen die Kaffeemaschine an – das sind alles völlig unbewusste Prozesse, über die wir gar nicht mehr aktiv nachdenken. So liegen zum Beispiel auch die lebenswichtigen Funktionen des Menschen im Unterbewusstsein. Es wird automatisiert geatmet, bei Hunger Nahrung aufgenommen, bei Durst getrunken. Alles, was in regelmäßigen Abständen immer wieder ausgeführt wird, geht irgendwann vom Bewusstsein ins Unterbewusstsein.

Erinnern Sie sich noch einmal an Ihre ersten Fahrstunden: Ich denke, jeder von uns war anfänglich völlig überfordert. Einen Gang höher zu schalten, zu lenken und dann auch noch aufmerksam auf die Straße zu gucken – das alles war zu viel. Auf jeden einzelnen Schritt mussten wir uns aktiv konzentrieren. Je öfter wir diese Schritte durchgeführt haben, desto einfacher und selbstverständlicher wurden sie. Mittlerweile können wir über die Freisprechanlage telefonieren und gleichzeitig fahren – dabei führen wir das Telefonat aktiv aus, während unser Unterbewusstsein völlig automatisiert das Auto steuert.

Das eigentliche Steuerungsorgan unseres Körpers ist also nicht das Gehirn, sondern das Unterbewusstsein. Es ist wie ein Navigationsgerät. Sie geben ein Ziel ein und der Weg dahin wird Ihnen vorgegeben.

Auf einen Blick

Unser Unterbewusstsein hat für den mentalen Bereich eine große Bedeutung, denn es ist das Steuerungsorgan des Körpers. Wie wir in bestimmten Situationen reagieren und handeln, wird durch abgespeicherte Prozesse im Unterbewusstsein entschieden. Mentales Training beschäftigt sich vorzugsweise damit, das Unterbewusstsein mit erfolgreichen Programmen zu versehen, die dann nur noch abgespielt werden müssen.

2.
Ziele finden –
Fundament jeden Erfolgs

»Das Leben bedeutet für mich immer hungrig zu sein. Die Bedeutung des Lebens besteht nicht darin, einfach nur zu existieren und zu überleben, sondern voranzugehen, aufzusteigen, etwas zu erreichen, zu erobern.«

Arnold Schwarzenegger, ehemaliger Bodybuilder, Schauspieler, US-Politiker

Der Ursprung jeden Erfolgs ist ein Ziel. Ziele sind das Fundament des Erfolgs. Ich habe es im ersten Kapitel schon einmal gesagt: Erfolg hat nichts mit Geld, Reichtum, Macht oder Ruhm zu tun. Dabei handelt es sich lediglich um ein Scheinbild unserer Gesellschaft. Erfolgreich ist, wer seine Ziele erreicht. Das bedeutet im gleichen Atemzug aber auch, dass Menschen ohne Ziele keinen Erfolg haben können.

Es ist nicht nur so, dass Erfolg ohne Ziele nicht funktioniert – ohne Ziele können wir Menschen auch nicht handeln. Sie sind Dreh- und Angelpunkt der physischen Steuerung. Es ist tatsächlich so, dass Handlungen ohne Ziele unvorstellbar sind (Heckhausen 2011: 285). Vergleichen Sie es mit einer Autofahrt: Die Wenigsten von uns werden sich ohne ein klares Ziel vor Augen ins Auto setzen und irgendwo hinfahren. Nur mit einem eindeutigen Ziel vor Augen kann der Weg dorthin beschritten werden. Es ist ein unbestrittener Fakt, dass Menschen, die sich mit ihren persönlichen Zielen beschäftigen, erfolgreicher sind als Menschen ohne Ziele.

Ziele sind der Startschuss auf dem Weg zum Erfolg, und eines kann ich Ihnen garantieren: Ziele verändern Ihr Leben. Sobald Sie in Ihrem Leben Ziele haben, ändern sich Ihr Fokus und Ihre Wahrnehmung. Ich möchte Ihnen das gerne an einem kleinen Beispiel erklären. Ein Beispiel, das auf jedes x-beliebige Lebens- und Karriereziel übertragbar ist. Nehmen wir einfach mal an, Sie wollen sich in absehbarer Zeit ein neues Smartphone kaufen, wissen aber nicht genau welches. Von dem Moment an, wo Sie die Entscheidung getroffen haben, sich ein neues Gerät zu kaufen, werden Sie mit einer ganz anderen Wahrnehmung durch den Tag gehen. Auf einmal achten Sie bei anderen Menschen aus Ihrem Umfeld oder bei Ihren Arbeitskollegen darauf, was für ein Smartphone sie besitzen. Sie machen Halt vor Telekommunikationsgeschäften, gehen in Fachmärkte und lesen sich im Internet Test- und Erfahrungsberichte durch. Sie werden von jetzt auf gleich in Ihrer Umwelt wesentlich mehr Smartphones aktiv wahrnehmen als bisher.

Gleiches passiert, wenn Sie sich neue Lebens- oder Karriereziele setzen. Sobald sich ein Ziel in Ihrem Kopf festgesetzt hat, tut Ihr Unterbewusstsein alles Nötige, um dieses Ziel schnellstmöglich zu erreichen. Ziele sind etwas Substanzielles, ohne das das Konstrukt des Erfolgs nicht funktionieren kann. Erfolg ohne Ziele ist unmöglich.

2.1 Wie ein Traum Realität wird

Jeder von uns hat Träume. Erinnern Sie sich vielleicht noch an Ihren Kindheitstraum? Der Traum vom Astronauten, der Traum vom Profisportler, der Traum von einem eigenen Unternehmen – was auch immer Sie als kleines Kind im Kopf hatten. Dennoch gibt es wesentlich weniger Menschen, die tatsächlich von sich behaupten können, ihren Traum zu leben, als Menschen, bei denen der Traum ein Traum geblieben ist. Eines sage ich Ihnen direkt zu Beginn: Jeder Mensch hat die Möglichkeit, seinen Traum Realität werden zu lassen. Alles, was Sie dafür brauchen, ist ein Ziel, aus dem eine Vision wird.

Jeder Mensch hat Träume oder zumindest etwas in seinem Kopf, das er gerne erreichen möchte – aber die Frage ist, ob es im Unterbewusstsein auch als Ziel abgespeichert ist. Wer seine Träume realisieren möchte, muss daraus ein Ziel machen und von diesem Ziel muss es eine klare Vision in Ihrem Kopf geben. Haben Sie eine Vision von Ihrem Leben? Von Ihrer Karriere?

Träume bestehen aus Leidenschaft – Ziele auch
Wichtig ist nur, dass es sich dabei um einen Traum und somit um ein Ziel handelt, das von Ihnen kommt. Der Traum, der Sie erfüllt. Der Traum, der Sie glücklich macht. Das Leben,

das Sie haben wollen. Die Karriere, die Sie haben wollen. Ich rede nicht von einem Traum, der Ihnen von außen auferlegt wird. Auch nicht von einem Traum, von dem Sie glauben, dass er die Erwartungshaltung der Gesellschaft erfüllt.

Grundvoraussetzung für Erfolg ist Leidenschaft und wo bitte soll Leidenschaft herkommen, wenn Sie etwas machen, das nicht von Ihnen selbst kommt? Wenn Sie etwas machen, das Sie eigentlich gar nicht machen wollen? Wie wollen wir in einem Job erfolgreich sein, der uns keinen Spaß macht? Wie wollen wir einen erfolgreichen Tag haben, wenn wir uns morgens überwinden müssen überhaupt aus dem Bett aufzustehen? Wer nicht für das brennt, was er macht, wird niemals darin erfolgreich sein.

Für viele Menschen ist es eine Last, über ihren Beruf zu sprechen – der Frust und teilweise die Abneigung gegenüber ihrem Job kann ihren Augen förmlich angesehen werden. Sie arbeiten, um Geld zu verdienen. Ja, jeder von uns muss Geld verdienen, um leben zu können. Aber wer sagt, dass uns die Art und Weise, wie wir unser Geld verdienen, keinen Spaß machen darf?

Ich für meine Person liebe das, was ich mache. Es macht mir Spaß. So wie es mir Spaß macht, Tennis zu spielen oder mich generell sportlich zu betätigen. Für mich ist es überhaupt kein Problem, am Wochenende zu arbeiten, denn ich liebe es. Es erfüllt mich, jeden Tag aufs Neue. Wenn ich abends ins Bett gehe, kann ich es gar nicht erwarten, bis der nächste Morgen anbricht und ich wieder meiner Leidenschaft nachgehen darf. Ich sehe meinen Beruf nicht als einen Beruf, sondern als eine Berufung. Er erfüllt mich.

Hören Sie einmal erfolgreichen Menschen zu, wenn sie über ihren Job oder ihr Leben reden. Diese Menschen kommen aus dem Schwärmen gar nicht mehr raus. Man kann das Feuer der Leidenschaft in ihren Augen sehen. So wie andere Menschen über ihren Urlaub reden, reden erfolgreiche Menschen über ihr tägliches Leben. Ohne dieses Feuer kann Erfolg nicht funktionieren. Wie wollen Sie ein Ziel erreichen, ohne dafür zu brennen?

Geben Sie nicht auf, nach dem Feuer zu suchen

Viele Menschen sind grundsätzlich zu ergebnisorientiert eingestellt. Sie wollen unbedingt ein Ergebnis herbeiführen, beschweren sich aber andauernd über den Weg, den sie dafür gehen müssen. Wie wollen wir uns über ein Ergebnis freuen, wenn der Weg dahin keinen Spaß macht und uns nicht erfüllt? Sollten Sie jetzt feststellen, dass Ihnen Leidenschaft fehlt und Sie auch nicht wissen, was sonst so Ihre Leidenschaft ist – es ist nicht schlimm, solange Sie nicht aufhören danach zu suchen.

Als nach einer Schulterverletzung klar war, dass ich niemals professionelles Tennis spielen werde, wollte ich im Sportmanagement arbeiten. Ich habe studiert, relativ schnell im Profisport gearbeitet – aber es hat mich nicht erfüllt. Leider hatte ich auch keine Ahnung, was ich sonst mit meinem Leben anfangen sollte. Ich wollte Tennisprofi werden, sonst nichts. Bis ich irgendwann durch Zufall einmal einen Keynote-Vortrag gehört habe, von einem Speaker, der mich zutiefst inspiriert und beeindruckt hat. Je mehr ich mich mit dem ganzen Thema beschäftigt habe, desto mehr Spaß hat es mir gemacht. Ich wusste vom ersten Augenblick an: »Das ist dein Ding!« – und bereits ein paar Wochen später hatte ich eine ganz klare Vision von mir als Speaker auf der Bühne in meinem Kopf. Seitdem bestimmt diese Vision mein Leben und sie ist in den letzten Jahren immer weiter gewachsen. Bereits zwei Jahre nachdem sich diese Vision in meinen Kopf gebrannt hatte, stand ich auf einer großen Bühne und hielt vor fünfhundert Menschen meine erste Keynote. Der Ursprung von allem, was ich seitdem erreicht habe, war die Vision – und das Finden von etwas, das mich zutiefst erfüllt.

Wer seine Träume realisieren möchte, muss daraus ein Ziel machen.

Auf einen Blick

Erfolgreich ist, wer seine Ziele erreicht. Das bedeutet im gleichen Atemzug aber auch, dass Menschen ohne Ziele keinen Erfolg haben können. Von dem Moment an, in dem wir ein Ziel haben, verändern sich unser Fokus und unsere Wahrnehmung und infolgedessen auch unser Leben. Jeder Mensch hat Träume oder zumindest etwas in seinem Kopf, das er gerne erreichen möchte. Wer seine Träume aber realisieren möchte, muss daraus ein Ziel machen.

2.2 Wege zum Scheitern: Vermeidungsziele

Ziele sind die Grundvoraussetzung für Erfolg. Jedoch sind sich viele Menschen nicht darüber im Klaren, dass die Zielerreichung auch ein Stück weit von der richtigen Zielformulierung abhängt. Auf den Punkt gebracht bedeutet das: Falsche Ziele können schnell zu Ergebnissen führen, die wir eigentlich gar nicht erreichen wollen.

Es ist ein Phänomen, das die meisten Menschen Vermeidungsziele im Kopf haben, besonders weil Vermeidungsziele Situationen beschreiben, die wir eigentlich gar nicht erreichen wollen. »Ich will den Kunden nicht verlieren«, »Ich will meinen Chef nicht enttäuschen« oder »Ich will keinen Stress bekommen« .

Vermeidungsziele werden oftmals völlig unbewusst und ohne großartig darüber nachzudenken formuliert. Wird das Ziel ausgesprochen, ist auch jedem klar, was gemeint ist – und genau da liegt das Problem. Auf der sprachlichen, bewussten Ebene sind Vermeidungsziele für jeden von uns verständlich. Das Unterbewusstsein kennt aber keine Sprachebene, sondern besteht lediglich aus einer Bildebene. In diesem Teil des Gedächtnisses werden alle Bilder abgelegt, die wir visuell wahrnehmen.

Wenn Sie ein hundertseitiges Word-Dokument haben, können Sie durch die Eingabe von Suchworten nach Schlüsselbegriffen suchen und Sie werden zu der relevanten Seite weitergeleitet. Suchen Sie in Ihrem digitalen Fotoalbum, bestehend aus tausenden Bildern, ein bestimmtes Bild, wird sich die Suche als schwierig erweisen. Ähnlich ist es mit unserem Unterbewusstsein. Es bedarf eines konkreten Auslösers, damit Unbewusstes bewusst gemacht wird.

Einfacher gesagt, es braucht ein verbal gehörtes Wort oder eine Aussage, um das dazugehörige Bild zu finden. Genau hier ist das Problem: Unser Unterbewusstsein kann nicht in Verneinungen denken. Negationen existieren nur in unserer Sprache, aber nicht in unserem Gehirn. Es kann Negationen nicht verarbeiten.

Gerne möchte ich Ihnen ein Anschauungsbeispiel geben: Denken Sie jetzt bitte an die Farbe rot. Vermutlich werden Sie einen roten Gegenstand oder nur die Farbe in bildlicher Darstellung vor Ihrem geistigen Auge haben. Denken Sie jetzt bitte an ein blaues Fahrrad. Auch jetzt werden Sie wieder ein Bild von einem blauen Fahrrad vor Ihrem geistigen Auge sehen. Einige ein Rennrad, andere vielleicht ein Mountainbike – aber alle ein blaues Fahrrad. Denken Sie jetzt nicht an eine Katze. Was für ein Bild haben Sie jetzt vor Ihrem geistigen Auge? Ein Bild von einem Hund oder einem anderen Tier als einer Katze? Ein Bild von einer durchgestrichenen Katze? Oder vielleicht doch das Bild einer ganz normalen Katze? Mit sehr hoher Wahrscheinlichkeit wird Letzteres zutreffen und Sie haben das Bild einer Katze vor sich. Das Bild, das Sie ja eigentlich nicht sehen wollten. Dieses Beispiel lässt sich auf alle weiteren Vermeidungsziele übertragen. »Ich will meinen Chef nicht enttäuschen« ist für Ihr Unterbewusstsein identisch mit der Aussage »Ich will meinen Chef enttäuschen«.

Gerne gebe ich Ihnen auch noch ein Beispiel, das etwas mehr aus dem Leben gegriffen ist: Sie haben ein hartes Arbeitsjahr hinter sich und der wohlverdiente Urlaub steht vor der Tür. Seit Wochen freuen Sie sich schon auf die schönste Zeit des Jahres, die der Urlaub für viele Menschen ist. Da schleichen sich bei dem einen oder anderen schon einmal Gedanken wie »Hoffentlich werde ich vor dem Urlaub nicht krank« ein. Ein paar Tage später werden Sie dann morgens mit einem leicht kratzigen Hals wach und schon wird sich dieser Gedanke intensivieren. »Jetzt bloß nicht krank werden!« Und was passiert? Sie werden krank und verbringen die schönste Zeit des Jahres mit einer saftigen Erkältung.

Dann quälen uns auch noch Fragen wie »Warum habe ich immer so viel Pech?« oder »Warum muss so etwas immer nur mir passieren?« . Die Antwort ist recht simpel: Sie sind selber schuld an Ihrer Situation, denn Sie haben Ihrem Körper unbewusst die Message gegeben, doch bitte vor dem Urlaub krank zu werden. Es macht überhaupt keinen Unterschied, ob Sie zu sich sagen »Hoffentlich werde ich nicht krank« oder ob Sie zu sich sagen »Hoffentlich werde ich krank«. Sprachlich ausgedrückt können beide Aussagen gegensätzlicher nicht sein. Für unseren Kopf ist es jedoch ein und dasselbe. In dem Moment, wo wir Vermeidungsziele aussprechen, ist es schon Gewissheit, dass wir versagen werden. In 90 Prozent aller Fälle resultiert Misserfolg aus Vermeidungszielen.

Viele Menschen wissen, was sie in ihrem Leben nicht wollen – aber was ist mit dem, was sie wollen? Ich habe es in zahlreichen Seminaren und Workshops immer wieder erlebt, als ich die Frage nach den persönlichen Lebenszielen gestellt habe. »Ich möchte nicht krank werden.« »Ich möchte meinen Job nicht verlieren.« »Ich möchte nicht alleine bleiben.« Ich habe den Teilnehmerinnen und Teilnehmern dann gesagt, dass das nicht meine Frage war. Ich wollte wissen, was sie für Ziele haben, nicht was sie in ihrem Leben nicht haben wollen. Die meisten Seminarteilnehmer waren an dieser Stelle verunsichert und etwas desillusioniert. Vermeidungsziele führen uns zwangsläufig in eine Richtung, die wir nicht haben wollen – und wir sind selbst schuld. Wenn wir uns permanent nur darauf konzentrieren, was wir nicht haben oder erreichen wollen, was werden wir dann wohl erreichen?

Auf einen Blick
»Ich will den Kunden nicht verlieren« – in dem Moment, wo Vermeidungsziele ausgesprochen werden, ist es schon Gewissheit, dass man versagt. Negationen existieren nur in unserer Sprache, aber nicht in unserem Gehirn. Vermeidungsziele sind dementsprechend der erste Schritt des Scheiterns und führen schnurstracks zum Misserfolg.

2.3 Wenn in Drucksituationen die Nerven versagen

Jeder von uns wird schon einmal Situationen erlebt haben, in denen er nicht sein gewohntes Leistungspotenzial abrufen konnte. In der Regel passiert das ganz besonders in Situationen, in denen wir stark unter Druck stehen. In Situationen, in denen wir Höchstleistungen erbringen müssen.

In Situationen, in denen Höchstleistungen von uns erwartet werden. In Situationen, die wichtig für uns sind.

Nervenflattern wird für uns alle besonders bei sportlichen Großereignissen sichtbar: Der eine entscheidende Elfmeter, der zum Sieg führt, wird kläglich verschossen oder ein Sportler bleibt völlig unter seinen Möglichkeiten, obwohl er der haushohe Favorit gewesen ist.

Schnell ist die Ursache für solche Leistungsausfälle gefunden: Der Sportler ist am Druck zerbrochen. Ihm haben im entscheidenden Moment einfach die Nerven versagt. So sehr wir das aus der Sportwelt kennen, so sehr kommt es auch in unserem eigenen Leben vor, ganz besonders im beruflichen Leben. Das eine wichtige Bewerbungsgespräch, bei dem man die einfachsten Fragen nicht beantworten konnte, oder auch die so wichtige Präsentation vor dem Kunden: Obwohl man top vorbereitet ist, kann einfach die gewohnte Leistung nicht abgerufen werden.

Sie erinnern sich noch an den Trainingsweltmeister aus Kapitel 1.3? Genau dieses Phänomen kommt hier zum Tragen. Menschen, die in Drucksituationen unter ihrem Leistungsniveau bleiben, sind in der Regel Trainingsweltmeister. Sie sind super vorbereitet, lassen aber große Chancen ungenutzt – weil sie mit dem Druck nicht umgehen können. Viel mehr noch: Weil sie am Druck zerbrechen. Erfolgreiche

Menschen hingegen wachsen in genau diesen Situationen über sich hinaus und trumpfen mit ihrer absolut besten Leistung auf. Wie kann es also sein, dass die einen über sich hinauswachsen und andere weit unter ihren Möglichkeiten bleiben? Die Antwort liegt im Unterbewusstsein.

Welches Programm spielt das Unterbewusstsein unter Druck ab?

Druck haben wir nicht, wir machen ihn uns. Letztlich hat es jeder von uns selbst in der Hand, ob er sich unter Druck setzen lässt oder eben nicht. Dennoch lassen sich für viele Menschen, besonders in der heutigen Berufswelt, Drucksituationen nur selten vermeiden. Geraten wir in eine solche Situation hinein, ist eigentlich nur entscheidend, welches Programm unser Unterbewusstsein abspielt.

Für das Unterbewusstsein gibt es bei dem Signal Druck genau zwei Möglichkeiten:

1. Den Bedrohungsmodus
2. Den Herausforderungsmodus

Mal ganz ehrlich: Herausforderung klingt doch um ein Vielfaches positiver als Bedrohung, oder? Leider wird bei vielen Menschen durch das auslösende Signal Druck der Bedrohungsmodus eingeschaltet. Was hier passiert, ist eigentlich schon fast selbsterklärend. Es entstehen Ängste, worauf der Körper ganz automatisch mit Stress reagiert, und unter Stress sind wir einfach nicht in der Lage, unsere beste Leistung abzurufen. Wer mit Versagensängsten in entscheidende Situationen geht, ist wie gehemmt.

Ich habe es früher auf dem Tennisplatz selbst erlebt. Im Training habe ich super gespielt, im Wettkampf konnte ich eine Zeit lang meine Trainingsleistungen nicht bestätigen. Sobald ich bei einem Turnier den Platz betrat, hatte ich das Gefühl, Ketten um meinen Körper gebunden zu haben. Ich war nicht frei, fühlte mich eingeengt und teilweise wie gelähmt. Ich denke, viele Menschen kennen solche Situationen, entweder ebenfalls aus dem Sport oder auch aus der Berufswelt. Die Gründe für solche Gefühle sind offensichtlich: Sobald wir mit Ängsten, allen voran Versagensängsten, in Wettkampfsituationen gehen, verkrampfen unsere Muskeln, die Feinkoordination geht verloren, ebenso wie unsere Reaktions- und Handlungsschnelligkeit. Ängste lassen eine Blockade im Kopf entstehen, die uns daran hindert, das normale Leistungsvermögen abzurufen.

Ein kleines Beispiel aus der Sportwelt: David Beckham musste mit England bei der Fußballeuropameisterschaft 2004 im Viertelfinale ins Elfmeterschießen. Beckham, einer der sichersten Elfmeterschützen der Welt, hat kläglich verschossen und den Ball meterweit über das Tor geschossen. Franz Beckenbauer hat es damals ziemlich genau auf den

Punkt gebracht: »Ein Mann, der aus dreißig Metern eine Fliege von der Latte schießt, trifft aus elf Metern das Tor nicht.«

Was ich Ihnen gerade über David Beckham erzählt habe, ist im Berufsleben nicht anders. Sobald Ängste entstehen, fängt das Herz an zu pochen, der Blutdruck steigt, Muskeln verspannen sich und jegliche Gelassenheit und Souveränität gehen von jetzt auf gleich verloren. Die Konsequenz ist, dass uns die einfachsten Dinge nicht mehr gelingen.

Erfolgreiche Menschen sind durch jahrelanges Training in der Lage, unter Druck den Herausforderungsmodus abzuspulen, und können so oftmals ihre beste Leistung abrufen. Ich möchte hier ganz besonders das Wort oftmals betonen. Auch die erfolgreichsten Menschen schaffen es nicht immer, diesen Modus zu aktivieren. Der zuvor genannte David Beckham war ein absoluter Spitzensportler seiner Zeit, der es wesentlich öfter geschafft hat, unter Druck mit der besten Leistung aufzutrumpfen, als dass er gescheitert ist. Es ist nur menschlich, dass es Situationen gibt, in denen es einfach mal nicht gelingt. Fakt ist aber: Jeder von Ihnen kann die Situationen, in denen die Nerven versagen, stark reduzieren.

Ergebnisziele als Hauptursache für Nervenflattern

Sicher fragen Sie sich jetzt, wie genau das denn möglich ist. Ändern Sie Ihren Zielfokus! Die meisten Menschen sind auf die Herbeiführung konkreter Ergebnisse fokussiert, die sogenannten Ergebnisziele. Ergebnisziele sind objektive, quantitative und messbare Ausgänge. »Ich will den Kunden gewinnen«, »Ich möchte dieses Jahr befördert werden« – um ein paar Beispiele zu nennen. Ergebnisziele sind wichtig, wir alle werden anhand von Ergebnissen gemessen. Am Ende des Tages zählt immer nur das Ergebnis. Es kommt keiner zu Ihnen hin, klopft Ihnen auf die Schulter und sagt, dass Sie etwas super gemacht haben, auch wenn Sie das gewünschte Ergebnis nicht herbeigeführt haben – besonders nicht in der Businesswelt.

So wichtig Ergebnisse auch sind – machen Sie nicht den Fehler, sich zu sehr darauf zu konzentrieren. Der eigentliche Antrieb für erfolgreiche Menschen ist die Leidenschaft für das, was sie machen, nicht die Freude am Ergebnis. Die Freude am Ergebnis kommt hinzu, weil sie das lieben, was sie machen.

In dem Moment, wo Sie sich zu sehr auf Ergebnisse fokussieren, entstehen mentale Drucksituationen, die Sie in Ihrer ganzen Handlungsfreiheit bremsen. Mit jeder Situation, die Sie von Ihrem eigentlichen Ergebnis entfernt, wird der Druck stärker. Irgendwann kommt dann noch die Angst hinzu, das

Ergebnis gar nicht zu erreichen, und Sie sind nicht mehr in der Lage, Ihr volles Leistungsvermögen abzurufen. Schlicht und einfach, weil Sie vom Druck und der Angst gehemmt werden. Die Lösung für dieses Problem lautet: Handlungsziele.

Auf einen Blick
Der eigentliche Antrieb für erfolgreiche Menschen ist die Leidenschaft für das, was sie machen, und nicht die Freude am Ergebnis. Die Freude am Ergebnis kommt hinzu, weil sie das lieben, was sie machen. Die bloße Fokussierung auf konkrete Ergebnisse führt zu mentalen Drucksituationen, die unsere komplette Handlungsfreiheit bremsen. Das Resultat: Wir Menschen sind nicht mehr in der Lage, unser volles Leistungspotenzial zu entfalten.

2.4 Wege zu Bestleistungen: Handlungsziele

Handlungsziele sind in den letzten Jahren besonders aus dem Profisport in die Wirtschaft und das Leben an sich transportiert worden. Handlungsziele zeigen auf, wie etwas erreicht werden kann. Sie sind leistungs- und verhaltensorientiert und obliegen unserer eigenen Kontrolle. Ergebnisziele hingegen liegen nur selten in unserer Hand. Für Handlungsziele aber sind wir selbst verantwortlich. Unsere

Leistung ist von anderen und äußerlichen Faktoren völlig unabhängig (Baumann 2015).

Auch erfolgreiche Menschen haben ein Ergebnis vor Augen! Aber sie fokussieren sich nicht darauf! Sobald ein herbeizuführendes Ergebnis feststeht, werden konkrete Handlungen erarbeitet, mit denen eben dieses Ergebnis herbeigeführt werden soll. Jemand, der in seiner Karriere das Ziel hat, Geschäftsführer eines mittelständischen Unternehmens zu werden, der hat ein konkretes herbeizuführendes Ergebnis vor Augen. Der nächste Schritt muss aber darin bestehen, Handlungen zu erarbeiten, mit denen das Ergebnis, Geschäftsführer eines mittelständischen Unternehmens zu werden, herbeigeführt werden kann. Studieren gehen, durch Weiterbildungen fachliche Kompetenzen erwerben, Bewerbungen schreiben – um ein paar beispielhafte Handlungsziele zu nennen. Je größer ein Ergebnisziel ist und je weiter es entfernt ist, desto umfangreicher werden die Handlungsziele.

Aber auch für kleinere Ziele gilt: Weg vom Ergebnis, hin zu konkreten Handlungen. In dem Moment, in dem Sie es schaffen, sich ausschließlich auf Handlungsziele zu konzentrieren, entsteht kein mentaler Druck, denn Sie haben einen Plan. Viel mehr noch: Sie haben einen Plan, mit welchen Handlungen Sie ein bestimmtes Ereignis herbeiführen wollen.

Ergebnisse mental ausblenden

Die Lösung heißt nicht auf Ergebnisziele zu verzichten. Auch wenn sie in letzter Konsequenz zu mentalen Druck- und Angstsituationen führen und uns mehr Schaden zufügen, als dass sie hilfreich sind – Ergebnisziele sind wichtig, denn ohne Ergebnisziele kann es keine Handlungsziele geben. Sie brauchen ein klares Ergebnis vor Augen, um sich mit der Frage beschäftigen zu können, mit welchen Handlungen Sie dieses Ergebnis herbeiführen können. Auf Ergebnisziele zu verzichten bringt Sie also nicht weiter. Was Sie aber weiterbringt, ist das mentale Ausblenden ergebnisorientierter Ziele.

Nehmen wir an, Sie haben ein Verkaufsgespräch, das für Sie und für Ihr Unternehmen überlebenswichtig ist. Der Termin mit dem potenziellen Kunden rückt näher und Sie haben schon dieses kleine Männchen im Ohr sitzen, das Ihnen sagt: »Du musst den Kunden gewinnen.« Dann ist es endlich so weit: Das Gespräch mit dem Kunden startet. Die Stimme in Ihrem Ohr wird immer lauter, intensiver, und brüllt Ihnen förmlich ins Ohr: »Du musst den Kunden gewinnen! Du musst den Kunden gewinnen! Du musst den Kunden gewinnen!«

Hört sich Ihre innere Stimme so oder so ähnlich an, dann vergessen Sie es. Sie werden den Kunden nicht gewinnen, weil Sie ein schlechtes Verkaufsgespräch führen werden. Warum? Weil Ihr Zielfokus falsch ist. Der Fokus liegt auf dem herbeizuführenden Ergebnis und er bremst Sie in Ihrer kompletten Handlungsfreiheit. Sie bleiben weit unter Ihrer Bestleistung – die Sie eigentlich brauchen. Schaffen Sie es aber, das Männchen in Ihrem Ohr zum Schweigen zu bringen, indem Sie das Ergebnis, den Kunden gewinnen zu müssen, mental komplett ausblenden, dann werden Sie ein überragendes Verkaufsgespräch führen und mit einer sehr hohen Wahrscheinlichkeit den Kunden überzeugen und gewinnen. Wie Sie das Ergebnis mental ausblenden? Konzentrieren Sie sich ausschließlich auf Ihre Handlungsziele.

Vielleicht haben Sie sich schon einmal gefragt, warum favorisierte Sportler oder Mannschaften völlig fassungslos und ungläubig dastehen, wenn sie große Erfolge errungen haben. Weil sie in diesem Moment tatsächlich fassungslos sind und es kaum glauben können, dass sie gerade gewonnen haben. Das hat nichts damit zu tun, dass sie es sich nicht haben vorstellen können oder es nicht erwartet haben – das haben sie durchaus. Sie haben es aber geschafft, das Ergebnisziel, gewinnen zu wollen, vielleicht sogar gewinnen zu müssen, mental so weit zu verdrängen, dass sie dann völlig überrascht sind, dass sie tatsächlich das Ergebnis herbeigeführt haben.

Je intensiver wir uns auf festgelegte Handlungen konzentrieren, desto weiter rückt das herbeizuführende Ergebnis in den Hintergrund. Zugegeben, es hört sich einfacher an als es in der Praxis ist – aber mit ein bisschen Zeit und Training ist das überhaupt kein Problem. Ergebnisziele haben für Sie überhaupt keine Bedeutung mehr, sobald Sie Handlungsziele formuliert haben. Rufen Sie sich das immer wieder ins Gedächtnis. Alle Handlungen, auf die Sie sich fokussieren müssen, führen das gewünschte Ergebnis herbei. Fokussieren Sie sich also auf das, was sie selbst beeinflussen können – Ihre eigenen Handlungen. Das ist der Schlüssel zu absoluten Bestleistungen – besonders in Drucksituationen.

Auf einen Blick

Handlungsziele zeigen auf, welche Handlungen wir ausführen müssen, um ein konkretes Ergebnis herbeiführen zu können. Mentale Druck- und Angstsituationen haben so keine Chance. Es geht jedoch nicht darum, auf Ergebnisziele zu verzichten. Es geht darum, Ergebnisse mental auszublenden, indem man sich zu 100 Prozent auf Handlungsziele konzentriert.

2.5 Ziele denken ist nicht Ziele schreiben

Alles, was Sie bisher über Ziele erfahren haben, ist nichts wert, wenn Sie Ihre Ziele nicht aufschreiben. Die meisten Menschen meinen ihre Ziele zu kennen, vergessen aber, dass unser Gehirn nur das langfristig und nachhaltig aufnehmen kann, was wir hören oder sehen. Eine Tatsache, die wir in unserem Alltag immer wieder zu spüren bekommen. Wir haben eine Idee im Kopf und eine halbe Stunde später wissen wir nicht mehr, worüber wir da eigentlich nachgedacht haben.

Anderes Beispiel: Vielleich gehören Sie auch zu den Menschen, die sich eine halbe Stunde, bevor sie einkaufen gehen, eine Einkaufsliste schreiben. Macht ja auch Sinn, denn es geht um den Lebensmittelvorrat der nächsten Tage und wir wollen nichts vergessen. Seien wir mal ehrlich: Keiner von uns möchte abends noch mal in den Supermarkt fahren, weil er etwas vergessen hat, was er zum Kochen benötigt. Auch wäre es ärgerlich, abends beim Fernsehgucken auf einen Snack verzichten zu müssen, nur weil man ihn vergessen hat zu kaufen.

Bei unseren Zielen geht es um unser Leben, aber die meisten Menschen schreiben sich nichts auf. Wenn wir uns noch nicht einmal merken können, was wir in der nächsten halben Stunde im Supermarkt einkaufen wollen, wie wollen wir uns dann merken, was wir in unserem Leben erreichen wollen?

Wer seine Ziele aufschreibt, wird überdurchschnittlich erfolgreich sein

Ich bin kein Freund von Studien und ich möchte Sie damit auch nicht langweilen. Aber diese Studie ist wirklich interessant:

Die Psychologin Gail Matthews führte eine Studie an der Dominican University in Kalifornien durch. Dabei untersuchte die Wissenschaftlerin insgesamt 267 Menschen im Alter zwischen 23 und 72 Jahren, welche die unterschiedlichsten Hintergründe vorzuweisen hatten und aus den verschiedensten Sozialschichten und Kulturkreisen kamen.

Die Teilnehmerinnen und Teilnehmer ihrer Studie bekamen von der Wissenschaftlerin die Aufgabe, sich ein paar Ziele zu überlegen, welche sie kurzfristig in den kommenden Wochen erreichen wollten. Danach teilte Gail Matthews die Probanden in fünf Gruppen ein:

- Gruppe eins sollte die eigenen Ziele mündlich formulieren und Prioritäten festsetzen.
- Gruppe zwei bekam die Aufgabe, ebenfalls die Ziele zu priorisieren, aber gleichzeitig auch aufzuschreiben.
- Gruppe drei hingegen sollte die eigenen Ziele nur in Form von Handlungszielen aufschreiben, also mit welchen konkreten Maßnahmen die gesetzten Ziele erreicht werden sollen.
- Gruppe vier musste die Ziele und die dazugehörigen Handlungsziele aufschreiben und zusätzlich einem Freund oder einem Familienmitglied davon erzählen.
- Gruppe fünf bekam exakt die gleiche Aufgabe wie Gruppe vier, mit dem einzigen Zusatz, den Fortschritt der Zielerreichung schriftlich festzuhalten.

Die Studie hatte eine Laufzeit von vier Wochen, sprich die Teilnehmerinnen und Teilnehmer hatten vier Wochen Zeit, ihre formulierten Ziele zu erreichen. Nach der Laufzeit wertete die Psychologin die Ergebnisse aus:

- Von den Probanden, die ihre Ziele nur mündlich formuliert hatten (Gruppe eins), erreichten lediglich 43 Prozent die gesteckten Ziele.
- Gruppe drei, die nur Maßnahmen aufgeschrieben hatten, kamen auf eine minimal häufigere Zielerreichung als Gruppe eins.
- Von den Probanden aus Gruppe zwei, die ihre Ziele aufschreiben mussten, erreichten 60 Prozent ihre Ziele.
- Von Gruppe vier, deren Probanden im Vergleich zu Gruppe zwei ihre Ziele auch noch einem Freund oder Familienmitglied erzählen mussten, erreichten 64 Prozent die Ziele.
- In Gruppe fünf, die ihre Ziele aufgeschrieben, weitergesagt und zusätzlich protokolliert hatte, erreichten 76 Prozent ihre Ziele.

Die Wissenschaftlerin kam demnach eindeutig zu dem Ergebnis, dass Menschen, die ihre Ziele aufschreiben, erfolgreicher sind als Menschen, die ihre Ziele nicht aufschreiben. Dabei wird der Erfolgsfaktor nochmals erhöht, wenn die aufgeschriebenen Ziele kommuniziert und der Fortschritt der Erreichung protokolliert wird (Matthews 2015).

Was bedeutet das für Ihre Lebens- und Karriereziele? Schreiben Sie Ihre Ziele auf. Wenn Sie es noch nicht gemacht haben, tun Sie es heute noch – am besten jetzt. Nehmen Sie sich einen Extra-Zettel, ein Notizbuch oder meinetwegen ein Tagebuch, wenn Sie eins führen, und schreiben Sie alles auf, was Sie erreichen wollen. Jedes einzelne Ziel. Dabei ist es auch völlig egal, ob es sich um kurzfristige, mittelfristige oder langfristige Ziele handelt. Keiner von uns kann seine Ziele im Kopf haben. Wer meint diese Fähigkeit zu besitzen kann in dem Glauben bleiben. Nur soll er sich nicht beschweren, wenn der eigentliche Erfolg ausbleibt – und er *wird* ausbleiben.

Auf einen Blick
Die richtigen Ziele zu formulieren ist für den Erfolg unverzichtbar. Das alles ist jedoch nichts wert, wenn Ziele nicht aufgeschrieben werden. Wer glaubt, seine Ziele im Kopf zu haben, hat keine Ziele. Ein Ziel ist immer schriftlich zu fixieren.

2.6 Zufriedenheit: Erfolgskiller Nummer eins

Es ist wichtig eine persönliche Zielliste zu haben – viel wichtiger ist es aber noch, mit dieser Zielliste zu arbeiten. Der perfekte Ort für die Aufbewahrung einer Zielliste ist da, wo sie stets griffbereit ist. Im Nachtschränkchen, in der Schreibtischschublade oder im Portemonnaie – völlig egal wo, Hauptsache, sie ist Ihnen zugänglich. Schauen Sie sich in regelmäßigen Abständen die Liste an und kontrollieren Sie, ob Ziele erreicht wurden oder nicht.

Wenn Ziele erreicht wurden: Setzen Sie sich neue! Das Geheimnis langfristig erfolgreicher Menschen ist, dass sie es immer und immer wieder schaffen, sich neue Ziele zu setzen. Auch wenn sie schon alles erreicht haben, was es zu erreichen gibt.

Besonders im Sport kann man immer wieder beobachten, dass sogenannte Eintagsfliegen große Erfolge erringen und man sich nach einiger Zeit wundert, warum man von ihnen nichts mehr hört. Die Antwort ist ganz einfach. Weil sie es nicht schaffen, sich neue Ziele zu setzen. Sie sind zufrieden!

Zufriedenheit bringt Leistungsabfall mit sich

In dem Moment, in dem wir zufrieden sind, setzt unser Unterbewusstsein den Schongang ein. Das Resultat sind durchschnittliche bis schlechte Leistungen. Warum soll noch Maximales geleistet werden, wenn das eigentliche Ziel erreicht ist?

Ich habe mich selbst oft genug in diesem Dilemma wieder-
gefunden. Vor vielen Jahren hatte ich eine Daumenver-
letzung, die mich sportlich acht Monate außer Gefecht
setzte. Natürlich bestand mein Hauptziel darin, so schnell
wie möglich wieder fit zu werden, denn ich wollte Tennis
spielen. Ich liebe diesen Sport und ich wollte so schnell es
geht wieder zurück auf den Platz. Nach acht Monaten war
die Verletzung überstanden, ich trainierte viel und begann,
die ersten Turniere zu spielen. Meine Leistung war solide,
aber nach zwei Monaten Turniertennis hatte ich immer
noch kein Match gewonnen. Ich spielte zwar gut, aber die
entscheidenden Situationen in einem Match nutzte ich
nicht. Auch war ich nach den Niederlagen nicht enttäuscht
– ganz im Gegenteil: Ich war zufrieden mit mir und war froh,
auf dem Platz zu stehen. Genau hier war das Problem: Was
mir fehlte, war ein neues Ziel. Die aktuelle Zielformulierung
bestand immer noch darin, endlich wieder Tennis zu spielen
– und das tat ich. Ich strich das Ziel als erledigt auf meiner
Zielliste durch und setzte mir neue. Es dauerte keine zwei
Wochen und ich gewann meine ersten Matches. Zwei Monate
später dann sogar seit langer Zeit mal wieder ein Turnier.

Von diesem Leistungsabfall ist jeder von uns betroffen. Ob
privat oder beruflich ist dabei völlig gleich. Wer Mitte des
Jahres schon seine vom Arbeitgeber vorgegebenen Jahres-
ziele erreicht hat, wird wissen, wovon ich rede. Die meisten
von uns werden dann einen Gang zurückschalten und es

etwas entspannter angehen lassen – das Ziel ist ja schließlich erreicht. Wie zuvor schon gesagt, dagegen können wir zunächst nichts machen. Nach Zielerreichung schaltet das Unterbewusstsein völlig automatisiert den Schongang ein.

Neue Ziele verdrängen Zufriedenheit

Die einzige Lösung dafür lautet: So schnell wie möglich neue Ziele setzten. Man darf sich nie zufriedengeben. Zufriedenheit ist Gift für den Erfolg. Viele erfolgreiche Menschen versuchen nach großen erreichten Zielen trotzdem etwas Negatives zu sehen – einfach nur, um Zufriedenheit zu vermeiden. Bitte verstehen Sie mich an der Stelle nicht falsch. Ich sage nicht, dass Sie sich nicht über erreichte Ziele freuen sollen. Freuen Sie sich! Feiern Sie! Genießen Sie es! Lassen Sie die Sau raus! Aber verharren Sie nicht zu lange in diesem Zustand. Nehmen Sie ein kurzzeitiges Leistungstief in Kauf und setzen Sie sich neue Ziele – ansonsten ist Erfolg nur temporär.

Zum Abschluss noch etwas in eigener Sache: Ich werde oft angesprochen und gefragt, wie ich das denn bloß mit der Zufriedenheit meine. Schließlich ist es das, was viele Menschen wollen – zufrieden sein. Mein Antwort: »Wir dürfen Zufriedenheit nicht mit glücklich Sein verwechseln.« Viele Menschen sind der Meinung, wenn sie sich nicht zufriedengeben dürfen, können sie auch niemals glücklich sein. Zufriedenheit und Glück sind jedoch weitestgehend unabhängig voneinander. Sie können glücklich sein, aber unzufrieden. Genauso wie Sie zufrieden, aber unglücklich sein können. Nur weil Sie sich nicht mit einem erreichten Ziel zufriedengeben und mehr wollen, bedeutet das nicht, dass Sie nicht glücklich sein können. Es kann Sie durchaus glücklich machen, dass Sie unzufrieden sind und immer mehr aus sich herausholen wollen. Andersherum können Sie zufrieden sein, dass Sie ein kleines Ziel erreicht haben, aber unglücklich, dass Sie das eigentliche Ergebnis noch nicht herbeigeführt haben.

Auf einen Blick

Haben Sie ein oder mehrere Ziele erreicht? Setzen Sie sich neue! Das Geheimnis erfolgreicher Menschen ist, dass sie es immer wieder schaffen, sich neue Ziele zu setzen – auch wenn sie schon alles erreicht haben, was es zu erreichen gibt. In dem Moment, in dem keine Ziele mehr da sind, setzt Zufriedenheit ein – der Erfolgskiller schlechthin. Unser Unterbewusstsein setzt den Schongang ein und das Resultat sind durchschnittliche bis schlechte Leistungen.

3.
Frag immer nach dem Warum

»Ist dein Verlangen groß genug, wird man glauben, du hast übermenschliche Kräfte.«

Napoleon Hill, US-amerikanischer Schriftsteller und Bestseller-Autor

Ziele sind der Startschuss auf dem Weg zum Erfolg. Wer seine Ziele aber erreichen will, braucht definitiv Erfolgsfaktor Nummer zwei – ein Warum. Ich möchte Ihnen gerne eine kleine Geschichte erzählen, damit Sie sich vorstellen können, was ich mit einem Warum meine. Zugegeben, es ist eine sehr extreme Geschichte, die sicherlich der eine oder andere von Ihnen schon einmal gehört hat.

Matthias Steiner: Das Unmögliche möglich gemacht

Matthias Steiner, ein österreichischer Gewichtheber, hat seine Karriere mittlerweile schon beendet. Zu Beginn seiner Karriere hatte er aber bereits gesagt, dass er der stärkste Mann der Welt werden will. Im Jahr 2005 war er bei der Leichtathletikeuropameisterschaft in Sofia die große österreichische Medaillenhoffnung und Steiner scheiterte bereits in der Anfangsphase des Wettkampfes kläglich. Aus diesem Scheitern heraus resultierte ein Streit zwischen ihm und dem österreichischen Leichtathletikverband, der so eskalierte, dass für Matthias Steiner feststand, dass er seine sportlichen Ziele in Österreich nicht mehr erreichen kann. Daraufhin fasste er einen folgenschweren Entschluss: Nie wieder ein Wettkampf für Österreich! Nun ist es in der Leichtathletik leider so, dass Athletinnen und Athleten nur für das Land bei internationalen Wettkämpfen antreten dürfen, dessen Staatsangehörigkeit sie haben. Matthias Steiner durfte also an keinem internationalen Wettkampf mehr teilnehmen.

Im Dezember 2005 heiratete er dann seine langjährige Freundin und Liebe seines Lebens aus Zwickau und zog mit ihr zusammen nach Deutschland. Nach der Hochzeit stellte Steiner dann den logischen Antrag auf die deutsche Staatsbürgerschaft. Während er auf seine Einbürgerung wartete, durfte er, wie gesagt, an keinem internationalen Wettkampf teilnehmen. Er war nur im Training oder bei nationalen unbedeutenden Wettkämpfen. Steiner ist in dieser Zeit häufig gefragt worden, wie er das durchhält, wo sein Sport doch ausschließlich auf internationaler Bühne stattfindet. Seine Antwort lautete, dass seine Frau seine große Stütze sei. Sie helfe ihm, diese schwere Zeit in seiner Karriere durchzustehen. Sie gebe ihm Kraft. Sie sei der Grund für ihn weiterzumachen.

Sechs Monate nach dieser Aussage kam seine Frau Susan bei einem schweren Autounfall ums Leben. Matthias Steiner zog sich daraufhin völlig zurück. Anfang 2008 wurde dann sein Antrag auf die deutsche Staatsbürgerschaft bewilligt und Steiner durfte für Deutschland als Gewichtheber antreten. Drei Monate nach dem Tod seiner Frau bestritt er dann seinen ersten internationalen Wettkampf seit über zweieinhalb Jahren und gewann völlig überraschend die Silbermedaille bei den Europameisterschaften. Mit diesem Ergebnis qualifizierte er sich zugleich für die ein paar Monate später stattfindenden Olympischen Spiele in Peking.

»Eigentlich war das über meinem Vermögen. Ich war nicht in Topform.«

Matthias Steiner (Olympiasieger im Gewichtheben)

Dann war es so weit: 19. August 2008. Peking. Entscheidungstag im Gewichtheben in der Klasse über 105 Kilogramm. Wieder einmal startete Matthias Steiner mit einer extrem schlechten Leistung in den Wettbewerb. Zwar schaffte er den ersten Versuch im Reißen mit 198 Kilogramm, aber beim zweiten Versuch mit fünf Kilogramm mehr auf der Stange musste er sie fallen lassen. Es kamen die ersten Probleme. Es war zwar aus der Vergangenheit schon bekannt, dass Steiner im Reißen nicht unbedingt der Stärkste ist, sondern dass seine Paradedisziplin das Stoßen ist, aber dennoch lief der Wettkampf bisher nicht rund. Nach dem Reißen lag er nur auf Platz vier – die Medaillenränge in weiter Ferne.

Endlich, die Paradedisziplin von Matthias Steiner war an der Reihe. Das Stoßen. Aber auch hier setzte sich der bisher rabenschwarze Tag fort: Im ersten Versuch scheiterte er an 246 Kilogramm – ein Gewicht, das er sonst im Schlaf stemmt. Im zweiten Versuch behielt er dann aber die Nerven und stemmt 248 Kilogramm. Mit diesem Ergebnis hatte er die Bronzemedaille sicher. Platz eins und zwei waren, realistisch betrachtet, nicht mehr einzuholen. Seine Kontrahenten hatten alle drei starke und gültige Versuche absolviert und Steiner lag neun Kilogramm hinter dem Führenden. Er war der Letzte, der noch einen offenen Versuch in der Konkurrenz hatte.

Für einen Sieg brauchte Steiner unglaubliche 258 Kilogramm, was acht Kilogramm über seiner absoluten Bestleistung lag. Mehr als 250 Kilogramm hatte er noch niemals zuvor in seinem Leben hochheben können – weder im Training noch im Wettkampf. Dennoch ließ er sich in seinem dritten und letzten Versuch diese unglaublichen 258 Kilogramm auflegen – und er hob sie hoch und ist damit der erste deutsche Olympiasieger im Gewichtheben seit sechzehn Jahren geworden.

Das Warum entscheidet, wie es weitergeht
Wie ist das bloß möglich? Ein Jahr bevor Matthias Steiner auf dem Höhepunkt seiner Karriere, seines Lebens stand, hatte er alles verloren, was in seinem Leben Bedeutung hatte. Ein Jahr später macht er das Unmögliche möglich und gewinnt die Goldmedaille bei den Olympischen Spielen, wird der stärkste Mann der Welt. Mit einer Leistung, die auch von seinen Kontrahenten als unmenschlich bezeichnet wurde.

Matthias Steiner hatte ein Warum! Ein Warum, das stärker war als der unerträgliche Schmerz. Ein Warum, das stärker war als seine Zweifel. Ein Warum, das ihn jeden Tag aufs Neue angetrieben hat. Als seine Frau Susann schwer verletzt auf der Intensivstation lag und die Ärzte sagten, dass sie es nicht schaffen würde, saß er bis zum Ende neben ihr. Er versprach ihr am Sterbebett, bei den Olympischen Spielen in Peking sein absolut Bestes zu geben, um die Goldmedaille zu gewinnen – für sie – weil sie es sich so sehr für ihn gewünscht hatte! Und er hat die Goldmedaille gewonnen, schlicht und einfach weil sein Warum stärker war als sein Schicksalsschlag!

Warum erzähle ich Ihnen diese extreme Geschichte? Irgendwann in unserem Leben kommt jeder von uns einmal an einen Punkt, an dem das Warum entscheidet, wie es in unserem Leben weitergeht. Ob wir unseren Zielen weiter nachgehen oder ob wir aufgeben. Diejenigen, die ein starkes Warum haben, werden weitermachen. Aber diejenigen, die ein schwaches oder gar kein Warum haben, werden aufgeben.

Fragen Sie sich einmal selbst: Was hält Sie im Spiel, wenn Niederlagen kommen? Was ist Ihr Grund, morgens aufzustehen? Mit Grund meine ich nicht, dass man morgens aufsteht, weil der Chef es von einem erwartet oder um Geld zu verdienen. Irgendwann werden Situationen kommen, in denen solch ein Warum nicht mehr stark genug ist.

Die meisten Menschen beschäftigen sich immer nur mit dem Wie, um dann relativ schnell zu der recht ernüchternden Erkenntnis zu kommen: »Ich habe keine Ahnung, wie ich meine Ziele erreichen soll.« Sie müssen auch nicht wissen, wie Sie etwas in Ihrem Leben erreichen können. Sie müssen wissen, warum Sie etwas erreichen wollen, denn wenn Sie ein Warum haben, kommt das Wie von ganz alleine – denn genau dafür sorgt das Unterbewusstsein.

Es ist nicht wichtig, was wir wollen. Wichtig ist, wie sehr wir es wollen.

Auf einen Blick
Jeder von uns braucht ein Warum. Besonders wenn Niederlagen und Rückschläge kommen, entscheidet das Warum, wie es in unserem Leben weitergeht. Wer ein starkes Warum hat, wird seinen Zielen weiter nachgehen. Menschen, die ein schwaches oder gar kein Warum haben, werden aufgeben.

3.1 Schlüssel zu nachhaltiger Willensstärke

Der Wille öffnet die Tür zum Erfolg – die Aussage hat sicher jeder von uns schon einmal gehört. Und sie entspricht der Wahrheit. Matthias Steiner ist das beste Beispiel dafür. Es ist oftmals der fehlende Wille, der uns scheitern lässt. Wir sind unentschlossen, nicht zielstrebig genug und geben zu früh auf, weil uns einfach die Ausdauer fehlt. Fehlende Ausdauer resultiert aus einem schwachen Willen. Umso faszinierender sind Menschen, die genau das Gegenteil mit sich bringen: Entschlossenheit, Zielstrebigkeit und einen langen Atem.

Viele Menschen verwechseln Willensstärke mit Ehrgeiz. Das eine hat jedoch mit dem anderen nichts zu tun. Ehrgeiz ist ein Merkmal unserer Persönlichkeit. Willensstärke hat ihren Ursprung in einem inneren Verlangen. Der eigene Wille ist dementsprechend weder eine Charaktereigenschaft noch ein moralischer Wert (Stritzelberger/Gerst 2015: 17). Wille ist eine Fähigkeit. Eine Fähigkeit, die wir brauchen, um unsere Ziele zu erreichen.

Viel mehr noch: Der Wille ist die Fähigkeit, ausdauernd den eigenen Zielen nachzugehen. Gerne gebe ich Ihnen ein persönliches Beispiel dazu: Nach meinem Studium wollte ich unbedingt im Management eines Profisportlers arbeiten. Nach dem Durchforsten sämtlicher Jobportale fand ich schnell meinen Traumjob. Ich bewarb mich auf die ausgeschriebene Stelle, voller Hoffnung, zumindest zu einem Gespräch eingeladen zu werden. Nach ein paar Tagen bekam ich per Mail eine Absage. Eine Woche später hatte die gleiche Agentur, die mir eine Absage erteilt hatte, einen neuen Job ausgeschrieben. Ich habe mich wieder darauf beworben. Es folgte wieder eine Absage. Weitere drei Wochen später gab es wieder eine neue Stelle. Ich bewarb mich wieder und wurde kurzerhand zu einem Vorstellungsgespräch eingeladen. Ich wurde gefragt, wie man sich nach zwei Absagen denn noch ein drittes Mal auf eine Stelle bewerben kann. Ich sagte nur: »Ich will hier arbeiten. Unbedingt!« Ich bekam meinen damaligen Traumjob.

Dass ich den Job bekommen habe, ist nur auf einen starken Willen zurückzuführen. Ich bin mir sicher, die meisten Menschen hätten sich nach der ersten Absage nicht einmal ein zweites Mal beworben. Und eines können Sie mir glauben: Bevor dieses Buch hier erschienen ist, habe ich vom BusinessVillage-Verlag mehrere Absagen bekommen. Es sind der Wille und die daraus resultierende Ausdauer, die in vielen Situationen den entscheidenden Unterschied machen.

In einem Punkt können Sie sich auch sicher sein: Wille und Fleiß schlagen langfristig immer das Talent. Wir sehen es am deutschen Skispringer Severin Freund: Weltmeister auf der Großschanze. Team-Olympiasieger in Sotchi. Weltmeister im Skifliegen. Sieger des Gesamtweltcups 2014/2015. Mit sechzehn Jahren wollte man ihn aus dem Skisprungkader schmeißen, weil er laut seiner Trainer einfach zu wenig Talent zum Skispringen hatte. Er selbst hat nach seinen größten Erfolgen gesagt: »Andere haben außergewöhnliches Talent. Ich habe einen außergewöhnlichen Willen.«

Die spannende Frage ist aber jetzt, wo diese Willensstärke herkommt. Die Antwort ist recht simpel: Aus unserem Warum. Wille ist nur das Symptom, die Ursache dafür liegt in unserem Warum. Je stärker Ihr Warum, desto stärker ist automatisch auch Ihr Wille. Wer einen tiefen Grund für sein Vorhaben und seine Ziele findet, der wird automatisch willensstark seine gesteckten Ziele verfolgen. Vergessen Sie es, sich vorzunehmen, zukünftig willensstärker zu agieren und aufzutreten. Das bringt nichts. Arbeiten Sie an der Ursache. Finden Sie ein Warum!

Wille und Fleiß schlagen langfristig immer das Talent.

Auf einen Blick
Willensstärke ist ein Faktor, den jeder auf dem Weg zum Erfolg benötigt. Immer weiterzumachen, alles zu geben und über die Schmerzgrenze hinauszugehen – so lange, bis man sein Ziel erreicht hat. Unser Wille ist jedoch nur das Symptom. Die Ursache ist das Warum. Je stärker das Warum, desto stärker ist automatisch der Wille.

3.2 Schlüssel zu nachhaltiger Disziplin

Disziplin – damit ist es ja oftmals so eine Sache. Ein wichtiger Kunde müsste eigentlich noch angerufen werden, aber es ist schon kurz vor Feierabend und morgen ist ja auch noch

Zeit dafür. Eigentlich will man ja abends noch zum Sport gehen, aber das Sofa ist so verlockend und im Fernsehen kommt ein ganz interessanter Film. Die meisten Menschen entscheiden sich in solchen Situationen gegen die Pflicht und für die Kür – weil ihnen die nötige Disziplin fehlt.

Nicht alles, was zur Zielerreichung führt, macht Spaß. Ich habe es früher zum Beispiel gehasst, ins Fitnessstudio zu gehen. Es war aber nötig, um auf dem Platz besser zu werden und den enormen körperlichen Belastungen standzuhalten. Also bin ich vier Mal die Woche ins Fitnessstudio gegangen – obwohl es mir keinen Spaß gemacht hat.

Unsere Disziplin sagt sehr viel über die Ernsthaftigkeit der eigenen Ziele aus. Ich habe es vor einiger Zeit im Fitness-studio, in das ich mittlerweile gerne hingehe, wieder einmal erlebt: Ich bin in der Vergangenheit vor dem Trai-ning und währenddessen öfter mal mit einem älteren Herrn ins Gespräch gekommen, der stark übergewichtig ist und mit gesundheitlichen Problemen zu kämpfen hat, wie er mir selbst erzählt hat. Er versucht dem Rat seiner Ärzte zu folgen und durch Sport an Gewicht zu verlieren, weil er aufgrund seines Übergewichts stark herzinfarkt- und schlag-anfallgefährdet ist.

Eines Abends kreuzten sich unsere Wege auf der Trainingsfläche. Wir begrüßten uns, er ging aufs Laufband, ich widmete mich dem Bankdrücken. Nach ungefähr zehn Minuten beobachtete ich aus dem Augenwinkel, wie er vom Laufband wieder runter ging. Unsere Wege kreuzten sich wieder und ich fragte ihn, ob er sich verletzt habe. Er schaute mich verdutzt an und fragte: »Verletzt? Wieso?« Daraufhin erwiderte ich, dass er ja nach knapp zehn Minuten schon das Training abgebrochen habe und es dafür ja einen Grund geben müsse. Da steht er vor mir, fängt an zu gähnen und sagt mit einer noch leicht gähnenden Stimme: »Ich bin heute einfach zu müde, um zu laufen.«

Wie ernst meint dieser jemand es wohl mit seinem Ziel, Gewicht zu verlieren? Wie wichtig wird ihm wohl die eigene Gesundheit sein? Disziplin brauchen wir, um Dinge zu erledigen, die uns keinen Spaß machen, auf die wir keine Lust haben und die unsere Gewohnheiten unterbrechen. Sie können sich vornehmen zukünftig mit mehr Disziplin zu agieren. Kurzfristig werden Sie das schaffen. Langfristig werden Sie immer und immer wieder in alte Verhaltensmuster fallen.

Erfolglose Menschen suchen jeden Tag nach neuen Ausreden, warum sie keine Zeit haben, etwas zu tun. Erfolgreiche Menschen bringen jeden Tag die nötige Disziplin auf, etwas für ihre Zielerreichung zu tun.

Klassisches Beispiel: Jahreswechsel – die Zeit guter Vorsätze. Gehen wir davon aus, Ihr Vorsatz ist, im neuen Jahr mehr Sport zu machen, sagen wir dreimal die Woche – montags, mittwochs und freitags. Erste Januarwoche: Sie sind top motiviert und gehen dreimal die Woche zum Sport. Zweite Januarwoche: Ihre Motivation aus der vorherigen Woche beginnt jetzt schon zu kriseln, aber Sie sind diszipliniert und quälen sich dreimal die Woche zum Sport – montags, mittwochs und freitags. Dritte Januarwoche: montags. Sie hatten einen harten Arbeitstag, haben schlecht geschlafen, den ganzen Tag über wenig gegessen und zu allem Überfluss gab es auf der Arbeit auch noch Stress mit der Kollegin oder dem Kollegen. Sie kommen nach Hause, fallen auf Ihr Sofa und dann geht's los: »Ich war doch die letzten beiden Wochen jeweils dreimal die Woche beim Sport.« »Wenn ich heute nicht gehe, dann trainiere ich Mittwoch doppelt so hart.«

Wir können nicht erfolgreich sein, wenn wir nur an den Tagen eifrig unseren Zielen nachgehen, an denen wir uns gut fühlen. Erfolglose Menschen suchen jeden Tag nach neuen Ausreden, warum sie keine Zeit haben, etwas zu tun. Erfolgreiche Menschen bringen jeden Tag die nötige Disziplin auf, etwas für ihre Zielerreichung zu tun. Und wo kommt diese Disziplin her? Richtig, aus unserem Warum. Es gilt das Gleiche wie für die Willensstärke auch. Je stärker Ihr Warum, desto stärker wird Ihre Disziplin sein. Viel mehr noch: Es wird die Geburtsstunde Ihrer Motivation sein.

Auf einen Blick

Nicht alles, was zur Zielerreichung führt, macht Spaß. Hier kommt die Disziplin ins Spiel. Die eigene Disziplin sagt sehr viel über die Ernsthaftigkeit der eigenen Ziele aus. Es ist die Disziplinlosigkeit, die viele Menschen erfolglos erscheinen lässt. Es gilt Gleiches wie bei der Willensstärke: Disziplin ist das Symptom. Je stärker das Warum, desto stärker die Disziplin.

3.3 Schlüssel zu nachhaltiger Motivation

Jeder von uns kennt Motivationslöcher. Wir haben Aufgaben vor Augen, die unbedingt erledigt werden müssen, aber es fehlt jegliche Motivation, sie anzugehen. Gestern Abend hat man sich noch vorgenommen, am nächsten Morgen eine Runde Joggen zu gehen, und am besagten Morgen fehlt die Motivation, das Vorhaben auch in die Tat umzusetzen.

Was bedeutet eigentlich Motivation?

Einfach gesagt ist Motivation ein Gefühl, das uns sagt, etwas Bestimmtes zu tun. Motivation ist also nichts anderes als die Beweggründe, die unser Handeln bestimmen. Ein Blick ins Wirtschaftslexikon genügt, um eine noch etwas detailliertere Definition zu erhalten: Zustand einer Person, der sie dazu veranlasst, eine bestimmte Handlungsalternative auszuwählen, um ein bestimmtes Ergebnis zu erreichen, und

der dafür sorgt, dass diese Person ihr Verhalten hinsicht-
lich Richtung und Intensität beibehält (Gabler Wirtschaftslexikon 2017). An dieser Definition ist auch schön zu sehen,
dass wir ohne Ziele keine Motivation aufbringen können.
Viel wichtiger ist hier aber das Wort Beweggründe. Motivation entsteht dann, wenn wir einen Grund haben, etwas zu
tun. Motivation erklärt, wofür wir uns anstrengen und aus
welchem Grund wir handeln.

Viele Menschen wollen immer von außen motiviert werden.
Durch einen Motivationstrainer, dem eigenen Umfeld oder
im Job durch den Chef oder die Chefin. Kurzfristig kann das
sicher helfen, die eigene Motivation zu steigern, aber was
helfen auf dem Weg zum Erfolg, auf dem Weg zur Zielerreichung schon kurzfristige Reize? Gar nichts.

Wir können uns nur selbst motivieren
Ich werde ganz oft nach Vorträgen von Leuten aus dem
Publikum angesprochen, die mir sagen, sie hätten sich ein
bisschen mehr Motivation gewünscht. Vielleicht geht es
Ihnen ja beim Lesen des Buches ähnlich. Leider muss ich an
dem Punkt immer für Enttäuschung sorgen. Ich würde jeden
Einzelnen sehr gerne motivieren, aber ich kann es nicht. Ich
kann Sie inspirieren und Ihnen den Schlüssel zu Ihrer Motivation geben – aufschließen müssen Sie die Tür aber alleine.

Motivation kommt aus dem Inneren. Jeder Mensch kann sich nur selbst motivieren. Der Schlüssel zur nachhaltigen Motivation ist das Warum. Es gilt das Gleiche wie für den Willen und die Disziplin auch: Je stärker das Warum, desto stärker ist automatisch die Motivation. Wenn Sie einen starken Beweggrund für alles, was sie machen, haben, dann wird Motivation in Ihrem Leben nie wieder ein Problem für Sie sein.

Auf einen Blick

Wie es bei fehlender Motivation mit der Wahrscheinlichkeit aussieht, die eigenen gesteckten Ziele zu erreichen, brauche ich sicher nicht erwähnen. Wer seine Ziele erreichen will, muss jeden Tag aufs Neue bis in die Haarspitzen motiviert sein. Motivation kommt aus dem Inneren. Auch sie entspringt als Symptom aus dem Warum – je stärker das Warum, desto stärker die Motivation.

4.
Selbstvertrauen –
Der Glaube an sich selbst

»Um ein großer Champion zu sein, musst du dran glauben, der Beste zu sein. Wenn du es nicht bist, tue wenigstens so.«

Muhammad Ali, Boxlegende

Ihr Warum bringt Sie Ihren Zielen ein ganzes Stück näher. Wollen Sie Ihre Ziele aber erreichen, brauchen Sie definitiv Erfolgsfaktor Nummer drei. Selbstvertrauen. Sie werden keinen erfolgreichen Menschen finden, der nicht überzeugt von sich selbst und seinen Fähigkeiten ist. Genau diesen Glauben brauchen Sie auch, um große Herausforderungen erfolgreich zu meistern – und es ist gleichzeitig das, was vielen Menschen bei großen Herausforderungen fehlt: Der Glaube an die eigene Stärke.

Wer ein persönlich und beruflich erfülltes sowie erfolgreiches Leben führen will, für den ist ein starkes Selbstvertrauen Grundvoraussetzung. Viele Menschen wären gerne in ihrem Auftreten souveräner, nicht permanent verunsichert und ein wenig mehr unabhängig von der Meinung anderer Menschen. Die Realität sieht oftmals jedoch ganz anders auch: Man zweifelt ständig an sich selbst und ist unsicher in Bezug auf das eigene Handeln. Vor allen Dingen aber wird sehr schnell die Meinung Dritter adaptiert. Was andere Menschen über einen denken, ist so oder so meist wichtiger als das, was man selbst über sich denkt.

Selbstvertrauen ist der Eckpfeiler mentaler Stärke. Mental stark zu sein kann nur funktionieren, wenn man an sich und seine Fähigkeiten glaubt. Die gute Nachricht ist: Jeder kann sein Selbstvertrauen stärken und selbstbewusst durchs Leben gehen. Die schlechte Nachricht ist – wenn es denn wirklich eine schlechte Nachricht ist: Man muss bereit sein etwas zu ändern und sich von Altbewährtem trennen, besonders von der Meinung über sich selbst.

4.1 Selbstvertrauen und Selbstbewusstsein

Werfen wir zu Beginn einen kurzen Blick auf die Begriffe Selbstvertrauen und Selbstbewusstsein, denn sie werden oftmals völlig willkürlich genutzt – gemeint ist in den meisten Fällen das Gleiche. Gibt es also einen Unterschied zwischen Selbstvertrauen und Selbstbewusstsein oder ist es ein und dasselbe? Es gibt einen Unterschied, und der ist riesengroß. Betrachtet man das Wort Selbstbewusstsein etwas näher, kann man sehen, dass es sich aus drei Wörtern zusammensetzt: Selbst. Bewusst. Sein. Der Begriff bedeutet demnach nichts anderes, als sich seiner selbst bewusst zu sein.

Die zentralen Fragen, die sich jeder, der selbstbewusster werden möchte, beantworten muss, lauten: Wer bin ich und wer will ich sein? Selbstbewusstsein beschreibt, was wir sind. Selbstvertrauen hingegen drückt aus, was wir uns selbst zutrauen. Hier stehen unsere absoluten Fähigkeiten im Mittelpunkt.

So viel zu der Abgrenzung der Begrifflichkeiten. An was fehlt es einem denn jetzt? An Selbstvertrauen oder Selbstbewusstsein? An beidem! Selbstbewusstsein ist Grundvoraussetzung für Selbstvertrauen. Es ist unbestritten, dass Menschen mit einem hohen Maß an Selbstbewusstsein automatisch ein starkes Selbstvertrauen haben. Wer sein Selbstvertrauen stärken möchte, muss sich in einem ersten Schritt also mit seinem Selbstbewusstsein auseinandersetzen. Es sind sicherlich keine einfachen Fragen, mit denen man sich auseinandersetzen muss. Wer bin ich? Wer will ich sein? Jeder von uns sollte sich einmal Zeit nehmen und sich Gedanken über die Antworten machen.

Selbstbewusster zu sein, bedeutet sich selbst kennenzulernen, sich selbst zu akzeptieren und so letztendlich die Stärke in sich selbst zu finden. Es ist bei der Beantwortung dieser Fragen völlig egal, was andere glauben, wer Sie sind, oder wie andere Sie sehen. Es geht sich einzig darum, wie Sie sich selbst sehen und wer Sie selbst zu sein glauben. Sind Sie mit dem Ergebnis unzufrieden, dann kreieren Sie ein Bild von der Person, die Sie sein wollen. Erst wenn das Selbstbewusstsein gestärkt ist, kann Selbstvertrauen entstehen.

Wie wollen wir unseren Fähigkeiten vertrauen, wenn wir nicht wissen, wer wir sind, und uns dieser Fähigkeiten nicht bewusst sind? Das kann nicht funktionieren. Es gibt auch massig Beiträge und Schritt-für-Schritt-Anleitungen im Internet und in den sozialen Netzwerken, wie Sie mit mehr Selbstvertrauen agieren können – alles sicherlich gut gemeinte Ratschläge, die aber im Nichts verpuffen werden. Grundvoraussetzung für Selbstvertrauen ist, sich seiner selbst bewusst zu sein. Bevor das nicht der Fall ist, wird sich an Ihrem Selbstvertrauen nichts ändern. Nehmen Sie sich also etwas Zeit und beschäftigen Sie sich einmal nur mit sich selbst. Wer sind Sie?

Eine besondere Anmerkung zum Thema Selbstvertrauen
Ich werde im weiteren Verlauf dieses Kapitels zeigen, welche Komponenten für ein schwaches Selbstvertrauen verantwortlich sind und was gemacht werden muss, um sein Selbstvertrauen auf ein höheres Niveau zu bringen. Dabei geht es um elementare Dinge wie Glaubenssätze, Selbstliebe und den eigenen Selbstwert. Einen Punkt, den jeder von Ihnen sofort ändern kann und der das Selbstvertrauen von jetzt auf gleich in wichtigen Situationen steigern kann, möchte ich Ihnen kurz vorstellen. Dieser Punkt ist mir ein persön-

liches Bedürfnis, da ich immer wieder sehe, dass Menschen mit einem schwachen Selbstvertrauen auftreten, weil sie schlicht und einfach schlecht vorbereitet werden. Selbstvertrauen kommt so gut wie immer aus dem Inneren – später mehr dazu. Aber ein schwaches Selbstvertrauen kann auch auf schlechtes Training zurückzuführen sein.

Erfolgreiche Menschen sind selbstbewusst, weil sie wissen, dass sie gut trainiert haben und alles dafür getan haben, erfolgreich zu sein. Sie holen sich ihr Selbstvertrauen im Training. Immer und immer wieder, bis sie sich ihrer eigenen Stärke bewusst sind und wissen, dass sie sich darauf verlassen können. Dass vielen Menschen bei großen Herausforderungen der Glaube an sich selbst fehlt, ist ein Stück weit auch auf eine schlechte Vorbereitung zurückzuführen. Je besser man vorbereitet ist, desto selbstsicherer wird man.

Bevor ich meinen ersten Keynote-Vortrag auf einer Veranstaltung vor Publikum gehalten habe, bin ich ihn mehr als fünfhundert Mal hinter verschlossenen Türen durchgegangen. Ich habe mich selbst dabei mehrmals gefilmt, um mir meine Mimik und Gestik anzuschauen und sie stets zu verbessern. Tag für Tag bin ich aufs Neue meinen Vortrag durchgegangen. So lange, bis ich wusste, dass ich mich auf meine Leistung verlassen kann, wenn ich sie abrufen muss. Als ich dann das erste Mal vor Publikum auf der Bühne stand, war ich perfekt vorbereitet. Ich war felsenfest davon überzeugt, dass nichts schiefgehen kann, eben weil ich so gut vorbereitet war. Ich hatte so viel trainiert, dass mich nichts aus dem Konzept bringen konnte. Dass ich bei meinem ersten Vortrag mit einem unerschütterlichen Selbstvertrauen auf der Bühne stand, habe ich einzig meinem harten Training zu verdanken.

Wer bei großen Herausforderungen mit seinem Selbstvertrauen zu kämpfen hat, der sollte sich einmal wirklich die Frage stellen, ob er denn auch gut vorbereitet ist. Jeder von Ihnen wird es sicherlich noch aus Schul- oder Studienzeiten kennen: Wirklich Angst hatte man doch nur vor Prüfungen, auf die man nicht vorbereitet war. Hatte man aber gelernt, war man sich seiner Sache sehr sicher und wusste, dass nicht viel schiefgehen konnte.

Auf einen Blick
Das Selbstbewusstsein drückt aus, wer wir sind und wer wir sein wollen. Selbstvertrauen hingegen drückt aus, was wir können und welche Fähigkeiten wir besitzen. Die beiden Begriffe werden in der Praxis oftmals als Synonym verwendet, was jedoch falsch ist. Selbstvertrauen resultiert aus Selbstbewusstsein.

4.2 Selbstwirksamkeit schafft Selbstvertrauen

Wieso gehen manche Menschen mit einem so starken Selbstvertrauen durchs Leben und viele andere nicht? Für die meisten Menschen ist klar: »Mir wurde es nicht in die Wiege gelegt.« Es ist ein weitverbreiteter Irrglaube, dass Selbstvertrauen in unseren Genen liegt. Das ist totaler Quatsch. Niemand wird mit einem schwachen oder starken Selbstvertrauen geboren – auch erfolgreiche Menschen nicht. Sie müssen es sich erarbeiten. Sich seiner selbst bewusst zu sein, ist eine Grundvoraussetzung für mehr Selbstvertrauen. Eine weitere ist die Selbstwirksamkeit.

Selbstwirksamkeit beschreibt die Überzeugung einer Person, schwierige Situationen und Herausforderungen aus eigener Kraft erfolgreich bewältigen zu können (Bandura 1977: 84). Die Bedeutung der Selbstwirksamkeit ist besonders durch den Psychologen Albert Bandura betont worden. Er hat sich seit den Sechzigerjahren mit der Forschungsfrage beschäftigt, wie das menschliche Verhalten und das Denken mithilfe von selbstbezogenen Überzeugungen beeinflusst werden. In seinen Forschungen ist er zu der Erkenntnis gekommen, dass wir Menschen in vielen Fällen nur dann mit einer konkreten Handlung beginnen, wenn wir davon überzeugt sind, dass wir diese Handlung auch erfolgreich ausführen können.

Ohne selbstbezogene Überzeugungen stellen sich viele Menschen ihren Herausforderungen erst gar nicht (Bandura 1993: 117–138).

Selbstwirksamkeit ist also die Einstellung zu der Wirksamkeit unseres Handelns. Ein besonderes Merkmal der Selbstwirksamkeit ist demzufolge das Vertrauen in die eigene Stärke und das eigene Leistungsvermögen. Menschen, die eine geringe Erwartung in Bezug auf die eigene Selbstwirksamkeit haben, sind überzeugt, dass sie mit ihren Fähigkeiten nicht viel erreichen können. Für solche Menschen ist Erfolg dann eher das Resultat des Glücks, Schicksal oder auf andere äußere Umstände zurückzuführen, die nicht in den eigenen Händen liegen.

Bei Menschen, die eine sehr hohe Selbstwirksamkeitserwartung haben, ist das genaue Gegenteil der Fall. Sie sind der festen Überzeugung, durch ihr Handeln etwas zu verändern und etwas zu bewegen. Viel mehr noch: Sie sind überzeugt schwierige Situationen zu meistern, Herausforderungen gewachsen zu sein und jegliche Art von Niederlagen wegstecken zu können. Dementsprechend trauen sie sich mehr zu, agieren mit wesentlich mehr Ausdauer und erreichen mehr als Menschen, die keine großen Erwartungen an ihre Selbstwirksamkeit haben (Merkle 2017).

Auf einen Blick

Die Überzeugung einer Person, schwierige Herausforderungen und Situationen erfolgreich zu meistern, bezeichnet man als Selbstwirksamkeit. Menschen mit einer schwachen Selbstwirksamkeitserwartung sind hingegen der Überzeugung, dass sie mit ihren Fähigkeiten und mit ihrem Handeln nicht viel erreichen und bewegen können.

4.3 I am the greatest – Positive Glaubenssätze

Nun also zu der spannenden Frage, wie Selbstbewusstsein, Selbstwirksamkeit und Selbstvertrauen denn langfristig und nachhaltig gesteigert werden können. Dreh- und Angelpunkt sind dabei unsere persönlichen Glaubenssätze.

»I am the greatest« – »ich bin der Größte!« Das Zitat von Boxlegende Muhammad Ali zählt sicher zu einem der bekanntesten Zitate der Welt. Für viele Menschen mag es übertrieben klingen, andere wiederum halten solche Aussagen vielleicht nur für Show, wiederum andere sehen darin einen Anfall von Arroganz. Wie kann nur jemand von sich selbst behaupten, der Größte zu sein? Für Muhammad Ali selbst war diese Aussage kein simples Zitat, Show oder Arroganzanfall, es war sein Glaubenssatz. Er hat wirklich geglaubt, dass er der Größte ist, und zwar lange bevor er tatsächlich der Größte war. Und an was glauben Sie so, wenn Sie über sich reden?

»Ich schaffe das nicht«, »Ich bin ein Versager«, »Das ist eine Nummer zu groß für mich« – führen Sie solche Selbstgespräche? Dann sind das Ihre Glaubenssätze, mit denen Sie sich alle Chancen auf Erfolg nehmen. Wie will jemand erfolgreich handeln, der glaubt ein Versager zu sein? Oder es nicht zu schaffen?

Einer der Schlüsselfaktoren für Erfolg ist Selbstvertrauen. Egal ob es sich um Ali handelt oder um andere erfolgreiche Menschen: Sie werden keinen erfolgreichen Menschen finden, der nicht mit einem unerschütterlichen Selbstvertrauen ausgestattet ist. Das brauchen sie auch, um große Herausforderungen erfolgreich zu meistern. Gleichzeitig ist es aber das, was vielen Menschen bei großen Herausforderungen fehlt: der Glaube an sich selbst. Die meisten Menschen scheitern nicht an mangelndem Talent, sondern an mangelndem Glauben an sich selbst! »Ich kann das nicht« oder »Das ist eine Nummer zu groß für mich« – das sind Glaubenssätze, die überhaupt erst dazu führen, dass ein schwaches Selbstvertrauen entstehen kann.

Wie Glaubenssätze von extrem selbstbewussten Menschen aussehen, sehen wir zum Beispiel auch an Zlatan Ibrahimovic, einem schwedischen Fußballprofi. Ich erzähle Ihnen die folgende Story nicht, weil sie aus der Sportwelt kommt, sondern weil das Thema Glaubenssätze treffender nicht beschrieben werden könnte.

Es gab mal ein Gespräch zwischen Ibrahimovic und Carlo Ancelotti, aktuellem Trainer des FC Bayern Münchens, während der gemeinsamen Zeit bei Paris Saint Germain. Paris musste im Saisonfinale um die französische Meisterschaft gegen Olympique Lyon spielen und Ancelotti war vor dem Spiel extrem angespannt und nervös. Da ging Ibrahimovic vor dem Spiel zu ihm hin und fragte ihn: »Trainer, glaubst du an Gott?« Ancelotti schaute ihn irritiert an und bejahte die Frage. Daraufhin klopfte Ibrahimovic ihm auf die Schulter und sagte: »Sehr gut! Also glaubst du an mich! Du kannst dich jetzt entspannen!«

Vielleicht lachen Sie jetzt – es ist auch tatsächlich eine amüsante Story. Aber dieser Glaubenssatz hat Ibrahimovic zum absoluten Matchwinner gemacht. Er hat entscheidend dazu beigetragen, dass Paris Saint Germain das Spiel gewonnen hat und französischer Fußball-Meister geworden ist.

Die meisten Menschen hingegen konzentrieren sich immer nur auf ihre Schwächen und darauf, nicht gut genug zu sein. Seien Sie einmal ganz ehrlich zu sich selbst: An was denken Sie öfter: An Ihre Erfolge oder an die Momente, in denen Sie versag haben? Sollten Sie öfter an die Momente denken, in denen Sie versagt haben, zerstören Sie damit Ihr Selbstvertrauen. Wollen Sie Ihr Selbstvertrauen aber aufbauen, müssen Sie Ihre negative Meinung von sich selbst durch eine positive Meinung ersetzen – und genau das müssen Sie Ihrem Unterbewusstsein mitteilen und zwar durch positive Selbstbotschaften.

Auf einen Blick

Wer sein Selbstvertrauen langfristig steigern will, der muss seine Glaubenssätze erneuern. Menschen, die öfter an die Momente denken, in denen sie versagt haben, anstatt an ihre Erfolge, zerstören damit ihr Selbstvertrauen. Wer sein Selbstvertrauen aber steigern will, der muss seine negative Meinung von sich selbst durch eine positive Meinung ersetzen.

4.4 Die Macht positiver Selbstbotschaften

»Ich glaube, es ist nicht anmaßend, wenn ich sage, dass ich etwas Besonderes bin« – eine weitere Aussage von Muhammad Ali. Wie oft sagen Sie so etwas zu sich selbst? Wie oft stehen Sie morgens nach dem Aufstehen vor dem Spiegel, schauen sich selbst in die Augen und sagen zu sich: »Ich bin ein Geschenk für die Welt!« Gar nicht? Fangen Sie damit an!

»Ein Geschenk für die Welt« ist Ihnen etwas zu dick aufgetragen? Dann fangen Sie mit etwas Einfachem an, wie »Ich mag mich« oder »Ich bin gut so, wie ich bin«. Aber reden Sie positiv mit sich und über sich. Ihr Selbstvertrauen wird es Ihnen langfristig nachhaltig danken!

Selbstbotschaften, wie »Ich mag mich«, sind der erste Schritt zu mehr Selbstvertrauen. Unsere Glaubenssätze werden durch eben solche Selbstbotschaften nach und nach verändert. Je positiver die Selbstbotschaften, desto positiver die Glaubenssätze.

Es gibt immer wieder Menschen, die der Meinung sind, Selbstgespräche seien nur etwas für schwache Menschen, die Probleme mit sich selbst haben. Das ist natürlich totaler Quatsch. Jeder Mensch führt Selbstgespräche, in der Regel jedoch völlig unbewusst. Problem dabei ist, dass die Selbstgespräche der meisten Menschen nur aus negativen Inhalten bestehen. Erfolgreiche Menschen führen tatsächlich überdurchschnittlich viele, bewusste Selbstgespräche – die ausschließlich positiv sind.

Sie können es immer wieder im professionalisierten Sport sehen, völlig egal um welche Sportart es sich handelt. Denken Sie zum Beispiel an die weltberühmte Becker-Faust, die Tennislegende Boris Becker nach wichtigen Punkten immer wieder geballt hat. Im Fußball können wir immer wieder sehen, dass sich Spieler nach einer guten Aktion selbst beklatschen. Ganz besonders nach gescheiterten Aktionen. Es wird sich nicht selbst runtergezogen – es wird sich selbst aufgebaut, und zwar durch positive Selbstgespräche. Nicht nur wenn man erfolgreich war, sondern bereits auf dem Weg dahin.

Seien Sie gut zu sich und loben Sie sich

Wir Menschen müssen uns viel öfter selbst loben. Wir gehen aus Meetings raus und zählen uns auf, was wir alles schlecht gemacht haben. Was wir gut gemacht haben, wird überhaupt nicht wahrgenommen. Warum nicht aus dem Meeting rausgehen und zu sich selbst sagen, was man alles gut gemacht hat? Auch das ist eine Option – eine Option, die langfristig zu wesentlich mehr Selbstvertrauen führt.

Besonders in Stresssituationen nehmen unsere inneren Monologe zu. In genau diesen Momenten ist es entscheidend, ob die Monologe positiver oder negativer Natur sind. Es geht auch nicht darum, nur noch positive Selbstgespräche zu führen. Jeder von uns ist irgendwann mal frustriert oder ärgert sich über sich selbst. Das darf auch offen kommuniziert werden. Es ist aber ein Riesenunterschied, ob ich nur mal kurz meinen Frust oder meinen Ärger ablasse, was durchaus befreiend sein kann, oder ob ich mich ständig von morgens bis abends selbst runterziehe. Selbstvertrauen kann so nicht funktionieren. Positive Glaubenssätze können so niemals entstehen. Sie entstehen durch positive Selbstgespräche – fangen Sie damit an! Sagen Sie sich, wie toll und einzigartig Sie sind! Eigenlob stinkt? Mag sein, aber es stattet Sie mit jeder Menge Selbstvertrauen aus – und das brauchen Sie auf dem Weg zum Erfolg.

Auf einen Blick
Reden Sie positiv mit sich und über sich. Freuen Sie sich über kleinere Erfolge, feuern Sie sich vor wichtigen Aufgaben selbst an – kurz gesagt: Geben Sie sich immer wieder mal die Beckerfaust. Ballen Sie Ihre Faust und sagen Sie zu sich selbst, wie gut Sie das gerade gemacht haben oder wie gut Sie es machen werden. Ihr Selbstvertrauen wird es Ihnen langfristig nachhaltig danken.

4.5 Selbstliebe ist kein Luxus, sondern Pflicht

Neben Glaubenssätzen und Selbstbotschaften muss für mehr Selbstvertrauen an der Selbstliebe gearbeitet werden. Sich selbst lieben – es klingt so einfach und irgendwie auch logisch. Die Realität sieht aber leider anders aus: Viele Menschen sind mit sich selbst unzufrieden und haben große Probleme, sich selbst zu akzeptieren. Für ein starkes Selbstvertrauen ist Selbstliebe äußerst wichtig. Für Selbstliebe wiederum ist die Eigenakzeptanz Grundvoraussetzung. Sich selbst akzeptieren – die eigenen Stärken akzeptieren, aber auch die eigenen Schwächen akzeptieren.

Lieben Sie sich selbst?
Vielleicht fragen Sie sich jetzt, was ich genau mit Selbstliebe meine und wie es denn um Ihre Selbstliebe bestellt ist. Stellen Sie sich in einer ruhigen Minute einfach mal vor einen Spiegel und schauen Sie sich selbst tief in die Augen. Sprechen Sie sich mit Ihrem Vornamen an und sagen Sie, während Sie sich weiter in die Augen gucken: »Andrea (beispielhafter Vorname), ich liebe dich!«

Viele Menschen bekommen den Satz gar nicht über ihre Lippen, weil sie lachen müssen und sich total dumm vorkommen. Andere fühlen sich komisch dabei und wiederum anderen ist es sogar peinlich so etwas zu sich selbst zu sagen. Sollten Sie sich hier wiederfinden, dann steht eines fest: Ihre Selbstliebe und Eigenakzeptanz sind auf dem Nullpunkt.

Diesen Satz zu sich selbst zu sagen ist alles andere als komisch, es ist auch nicht dämlich, und lächerlich schon gar nicht. Jedem erfolgreichen Menschen geht dieser Satz leicht über die Lippen und er fühlt sich gut dabei. Diesen Satz sagt er mit voller Überzeugung und er hat auch keine Probleme damit, öffentlich zu verkünden, dass er sich selbst liebt. Jetzt mag der eine oder andere von Ihnen denken, dass es ja klar ist, dass erfolgreiche Menschen so über sich reden können, schließlich sind sie ja auch erfolgreich und haben was erreicht. Sie sagen den Satz aber problemlos unabhängig von Erfolg oder Misserfolg. Auch unmittelbaren nach dem Scheitern lieben sie sich selbst.

Selbstliebe ist kein Zeichen für Egoismus
In unserer Gesellschaft werden Menschen mit einer gesunden Selbstliebe oft als Egoisten bezeichnet. Selbstliebe und Egoismus sind Begriffe, die fälschlicherweise gerne mal verwechselt oder auch gleichgesetzt werden. Nur weil Menschen sich selbst lieben, sind sie noch lange keine Egoisten. Es ist völliger Quatsch, der Meinung zu sein, dass wir ständig im Mittelpunkt stehen wollen und die Bedürfnisse unserer Mitmenschen völlig ignorieren, nur weil wir uns selbst lieben. Sich selbst zu lieben bedeutet vielmehr stark zu sein und sich selbst zu vertrauen. Das Resultat dessen ist dann logischerweise auch ein starkes Selbstvertrauen.

Auch wenn ich bei Ihnen als Leser jetzt vielleicht in Ungnade falle: Ich kann Ihnen sagen, dass ich mich selbst liebe und überhaupt kein Problem damit habe, den folgenden Satz zu sagen oder in einem Buch zu veröffentlichen: »Markus, ich liebe dich!« Ich akzeptiere mich so, wie ich bin. Ich kenne meine Stärken und meine Schwächen und weiß, dass ich nicht perfekt bin und das auch niemals sein werde. Ich sage auch nicht, dass meine Schwächen toll sind, aber ich akzeptiere sie. Sie sind ein Teil von mir, genauso wie meine Stärken auch. Diese Eigenakzeptanz ist Grundvoraussetzung für meine Selbstliebe.

Vielleicht ist auch jemand unter Ihnen, der mich sofort als Egoisten abstempelt. Diesen Gedanken kann ich Ihnen nicht verbieten. Ich kann Ihnen nur sagen, dass dem nicht so ist. Gleichermaßen sage ich aber auch, dass Menschen, die sich selbst lieben, vor allem Dinge machen, die sie selbst mit Glück erfüllen – mich selbst eingeschlossen. Ich mache nichts, was ich nicht will, und schon gar nicht etwas, das andere von mir erwarten – kein erfolgreicher Mensch macht das. Bei den meisten Menschen ist das genaue Gegenteil der Fall: Sie erledigen Dinge, um Erwartungen zu erfüllen und um andere Menschen glücklich zu machen – sie selbst sind damit aber oftmals unglücklich. Wer so handelt, wird niemals in der Lage sein, sich selbst zu lieben, was gleichbedeutend damit ist, dass auch kein Selbstvertrauen entstehen kann.

Verstehen Sie mich auch hier bitte nicht falsch: Auch ich handle, um Menschen aus meinem Umfeld mal glücklich zu machen. Aber ich würde mich selbst niemals aufgeben, um jemand anderen glücklich zu machen. Ich würde auch nie meine Prinzipien über Bord werfen, um Erwartungen von außen zu befriedigen. Das ist ein Riesenunterschied. Viele Menschen hingegen geben sich für die Erfüllung einer

Erwartung schlicht und einfach auf, weil sie sich ins Unglück stürzen.

Nehmen wir einen jungen Menschen, der gerade sein Abitur gemacht hat: Er würde gerne später einmal in der Unternehmensberatung arbeiten und möchte dementsprechend BWL studieren. Sein Vater ist ein niedergelassener Arzt mit einer gut laufenden Praxis. Der Wunsch des Vaters ist, dass sein Sohn Medizin studiert und seine Praxis irgendwann einmal übernimmt. Es ist etwas, dass der Vater von seinem Sohn erwarten und das ihn glücklich machen würde. Lässt sich der Sohn hier beirren und entscheidet sich dafür, Medizin zu studieren, weil es sein Vater von ihm erwartet und es ihn überaus glücklich machen würde – der Sohn wird sich niemals selbst lieben können. Weil er sich in einem ersten Schritt niemals selber akzeptieren wird. Die Konsequenz wird sein, dass er ohne jegliches Selbstvertrauen durchs Leben geht. Wie wir uns selbst sehen, wirkt sich auf unseren Erfolg aus. Im Job, im Privatleben und auch sonst überall.

Auf einen Blick
Selbstliebe ist Grundvoraussetzung für Selbstvertrauen. Schauen Sie einfach mal in den Spiegel, nennen Sie Ihren Vornamen und sagen Sie: »Ich liebe dich.« Wem das auch nur minimal komisch vorkommt, der muss dringend an seiner Selbstliebe arbeiten. Selbstliebe hat nichts mit Arroganz oder Egoismus zu tun. An erster Stelle kommen immer Sie. Sie

müssen glücklich sein – und sich nicht unglücklich machen,
um andere glücklich zu machen.

4.6 Sei dir etwas wert: Du bist dein bester Freund

Ein schwaches Selbstvertrauen ist immer auch zurückzuführen auf ein geringes Selbstwertgefühlt. Mit Selbstwertgefühl ist das grundlegende Gefühl zwischen Ihnen und Ihrer Umwelt gemeint. Dabei handelt es sich um ein generelles Empfinden, das jeder von uns anders wahrnimmt. Jeder von Ihnen wird es kennen, denn es resultiert aus der inneren Stimme, die tagtäglich auf uns einredet. Bei dieser inneren Stimme handelt es sich um den inneren Kritiker, der entscheidend für ein geringes Selbstwertgefühl ist.

Was der innere Kritiker so zu uns sagt? Bei den meisten Menschen nichts Gutes: »Du taugst nichts«, »Das ist eine Nummer zu groß für dich«, »Du wirst so oder so scheitern«, »Du bist zu dumm dafür« – Worte, die vielen Menschen bekannt vorkommen. Worte, die zum Glück nicht aus dem Mund anderer Menschen kommen. Es wäre ja schlimm, wenn andere so über uns reden würden. Es ist völlig richtig, dass diese Worte nicht aus dem Mund anderer kommen – viel schlimmer ist aber die Tatsache, dass die Worte aus unserem eigenen Mund kommen, wenn wir über uns selbst sprechen.

Mal ganz ehrlich: Was würden Sie machen, wenn jemand aus Ihrem direkten Umfeld oder erweiterten Bekanntenkreis so mit Ihnen reden würde? Die meisten von uns würden den Umgang mit diesen Menschen meiden oder den Kontakt zu ihnen vollständig abbrechen – was definitiv die richtige Entscheidung ist. Wenn wir nicht wollen, dass andere so über uns reden, warum reden wir dann selbst so über uns? Wer von einem geringen Selbstwertgefühl betroffen ist, der sollte sich diese Frage einmal versuchen zu beantworten.

Unsere innere Stimme, der innere Kritiker, richtet mit seinen immer wiederkehrenden Worten großen Schaden an, denn unser Selbstwert wird so systematisch zerstört. Wir beschäftigen uns immer wieder mit Fragestellungen, was andere bloß von uns halten, fühlen uns schnell persönlich angegriffen und sind permanent auf der Suche nach Bestätigung und Aufwertung in unserem direkten Umfeld. Erst wenn andere zu uns sagen, dass wir gut sind oder etwas gut gemacht haben, steigt unser Selbstwert – leider aber nur zeitlich begrenzt. Am nächsten Tag sind die lobenden Worte dann meistens schon wieder vergessen und der eigene Selbstwert ist wieder einmal auf dem Nullpunkt.

Es ist egal, was andere Menschen sagen oder denken
Wir erwarten ja immer, dass andere Menschen an uns glauben – der Chef, der Partner, Freunde und Familie – aber wir selbst haben kein Vertrauen in unsere eigene Stärke. Mal ganz

ehrlich: Wenn nicht wir an uns glauben, wer dann? Wenn nicht wir an uns glauben, wie können wir dann erwarten, dass es andere tun?

Zu viele Menschen definieren ihr Selbstwertgefühl anhand der Meinung Dritter oder Materiellem – und genau das ist falsch. Materielle Dinge oder sonstige äußerliche Faktoren können den Selbstwert nicht stärken. Die meisten Menschen nehmen sich das, was andere sagen, ein Leben lang zu Herzen und fangen an es zu glauben: »Du bist nicht gut genug!« »Spar dir lieber die Enttäuschung!« – selbstbewusst zu sein, bedeutet aber so wenig wie möglich von der Meinung anderer abhängig zu sein.

Wenn Sie glauben, dass Sie etwas schaffen können, dann hören Sie nicht auf die ganzen Nein-du-schaffst-das-nicht-Sager, die um Sie herumstehen. Nur weil andere Menschen nicht an das glauben, was Sie vorhaben, müssen Sie nicht das Gleiche tun. Denn in diesem Fall haben nicht Sie entschieden, wie viel Sie sich wert sind, andere haben das für Sie getan.

Warum glauben andere Menschen so selten an uns?

Es lohnt sich einfach mal zu hinterfragen, warum uns Menschen aus unserem direkten Umfeld allzu oft von Dingen abraten. Ein ganz einfaches Beispiel: Jemand, der noch nie in seinem Leben gejoggt ist, hat auf einmal das Ziel, einen

Marathon zu laufen. Weil er sich selbst etwas beweisen möchte oder durch irgendetwas inspiriert wurde – völlig egal. Jetzt beginnt er nach und nach von diesem Vorhaben in seinem direkten Umfeld zu erzählen, alles Menschen, die ebenfalls noch nie in ihrem Leben ernsthaft joggen waren.

Was glauben Sie, werden die Stimmen aus dem Umfeld sagen? »Marathon? Das schaffst du nicht!« »Da bist du nun wirklich nicht für gemacht.« »Wenn du dich umbringen willst ...« – warum aus seinem direkten Umfeld solche Rückmeldungen kommen? Weil sie es ihm nicht zutrauen, ist sicher die offensichtlichste Begründung. Dass sie es ihm nicht zutrauen, resultiert aber aus der Tatsache, dass sie es sich selbst nicht zutrauen. Dieses Phänomen ist bei sehr vielen Menschen zu beobachten, die andere nicht unterstützen oder der Meinung sind, das Ziel ist zu hoch gegriffen. Weil es ihre Vorstellungskraft übersteigt und sie es sich selbst niemals zutrauen würden, transportieren sie diese Meinung automatisch auf ihr Gegenüber.

Muhammad Ali hat sich von keinem anderen Menschen davon abbringen lassen, zu glauben er sei der Größte. Auf diese Weise ist er dann auch tatsächlich der Größte geworden, zumindest in seinem Sport.

Vergleiche mit anderen Menschen sind überflüssig

»Was der schon alles in seinem Leben erreicht hat.« »Wie viel Geld mein Nachbar verdient, und ich ...?« »Der ist genau so alt wie ich und hat schon einen dicken Sportwagen in der Einfahrt stehen.« Ertappen Sie sich auch manchmal dabei, wie Sie sich mit anderen vergleichen und dabei immer den Kürzeren ziehen? Lassen Sie es sein. Vergleichen Sie sich nicht mit anderen Menschen. Jeder sollte bestrebt sein, sich auf sich selbst zu konzentrieren und nicht darauf, was andere machen – und schon gar nicht darauf, was andere besitzen. Wer sich immer nur mit anderen Menschen vergleicht, der wird nie wirklich glücklich werden. Wenn wir in diesem Vergleich andauernd den Kürzeren ziehen, wird immer ein geringes Selbstwertgefühl da sein.

Verstehen Sie mich bitte nicht falsch. Es ist völlig in Ordnung, zu anderen Menschen aufzusehen. Jeder von uns braucht Vorbilder und Respektpersonen. Dagegen ist nichts einzuwenden. Es ist aber ein großer Unterschied, ob wir zu jemandem aufsehen oder uns mit diesem jemand vergleichen. Vergleiche bringen Sie nicht weiter. Ja, Ihr Nachbar hat vielleicht einen dicken Sportwagen vor der Garageneinfahrt stehen – und jetzt? Sie wissen doch gar nicht, wie er an diesen gekommen ist. Vielleicht war es ein Geschenk? Vielleicht hat er Geld geerbt? Vielleicht ist es auch einfach nur ein Leasing-Fahrzeug, das als Statussymbol fungieren soll, weil Ihr Nachbar so versucht sein geringes Selbstwertgefühl zu überspielen. Sie wissen nichts über die Umstände, also verzichten Sie darauf, Vergleiche zu ziehen. Nutzen Sie die Energie lieber dafür, sich mit sich selbst zu beschäftigen.

Kleine Erfolge sind nicht selbstverständlich

Ein weiterer Schritt, den eigenen Selbstwert zu steigern: Freuen Sie sich über kleine Erfolge. Ich habe es zuvor schon im Zusammenhang mit den positiven Selbstbotschaften erwähnt. Wer kleine Erfolge feiert und nicht als selbstverständlich abstempelt, stärkt damit kontinuierlich seinen Selbstwert. Mit kleinen Erfolgen meine ich hier wirklich auch kleine Erfolge. Betrachten wir beispielhaft einen schüchternen Menschen. Dieser setzt sich das kleine Ziel, sich während eines Meetings mit dem Chef und anderen Arbeitskollegen zu Wort zu melden. Für diesen Menschen eine große Sache, verfolgt er doch sonst das Meeting nur stillschweigend. Meldet sich die schüchterne Person dann tatsächlich zu Wort, ist das Ziel erreicht. Sie ist also erfolgreich gewesen. Im Verhältnis zu anderen Erfolgen sicher ein winzig kleiner Erfolg – aber das ist egal. Es ist ein Erfolg, über den man sich freuen kann, über den man sich sogar freuen muss.

Viele Menschen haben nach solch einem erreichten Ziel Gedanken im Kopf wie »Toll, wenigstens das hast du jetzt mal hinbekommen« oder »Jetzt wissen die anderen auch, dass du reden kannst«. Mit solchen gedanklichen Aussagen zieht man sich nur selbst wieder runter und betrachtet den Erfolg als selbstverständlich. Für Ihr Selbstwertgefühl hat das keine positiven Auswirkungen. Freut man sich aber über diesen Erfolg mit Worten wie »Sehr gut! Du hast dich zu Wort gemeldet! Toll gemacht!« oder »Yes! Super gemacht! Nächstes Mal meldest du dich dann mindestens zweimal!«, dann stärken Sie damit automatisch Ihr Selbstwertgefühl. Unser Alltag ist voll mit kleinen Erfolgen, mit denen wir unser Selbstwertgefühl aufbauen können – wir müssen diese Erfolge nur sehen wollen.

Auf einen Blick

Ein schwaches Selbstvertrauen ist immer zurückzuführen auf ein geringes Selbstwertgefühl. Zu viele Menschen definieren ihr Selbstwertgefühl anhand der Meinung Dritter oder materieller Gegenstände. Genau das ist falsch. Materielle Dinge oder sonstige äußerliche Faktoren können an unserem Selbstwertgefühl nichts ändern. Das ist reine Illusion. Besitztümer entscheiden nie darüber, wie viel wir uns selbst wert sind.

5.
Gedanken –
Entscheidung über Erfolg
oder Misserfolg

»Achte auf deine Gedanken, denn sie werden zu Worten. Achte auf deine Worte, denn sie werden zu Handlungen. Achte auf deine Handlungen, denn sie werden zu Gewohnheiten. Achte auf deine Gewohnheiten, denn sie werden dein Charakter. Achte auf deinen Charakter, denn er wird dein Schicksal.«

Jüdischer Talmud

Selbstvertrauen bringt Sie auf dem Weg zum Erfolg ein großes Stück weiter. Wer an sich glaubt, seinen Fähigkeiten vertraut und die Macht positiver Selbstbotschaften nutzt, der kann auch die Macht seiner Gedanken nutzen – Erfolgsfaktor Nummer vier. Es sind unsere Gedanken, die über Erfolg oder Misserfolg entscheiden. Die meisten Menschen programmieren sich gedanklich meist völlig unbewusst auf Erfolg oder Misserfolg – viele eben auf Misserfolg.

Wir Menschen werden von unseren Gedanken getrieben und zum Handeln animiert. Wir kommen zwar aus Gefühlen heraus erst ins Handeln, aber für unsere Gefühle sind unsere Gedanken verantwortlich. Das Spiel ist ganz einfach: Positive Gedanken sorgen für positive Gefühle und negative Gedanken für negative Gefühle. Wer morgens wach wird und niedergeschlagen ist, Ängste verspürt, Antriebsprobleme hat oder aber vor Motivation strotzt, der hatte vorher einen Gedanken, der genau dieses Gefühl verursacht – und nach diesem Gefühl wird gehandelt.

Die meisten Menschen verbringen viel Zeit damit, ihr Handeln zu optimieren und zu perfektionieren, stellen aber nach einiger Zeit etwas frustriert fest, dass sich in ihrem Leben nichts ändert. Das kann es auch nicht, denn unser Handeln ist nur das Symptom, die Ursache dafür sind unsere Gedanken. Wer in seinem Leben wirklich etwas ändern will, der muss in einem ersten Schritt seine Gedanken ändern. Ändern sich die eigenen Gedanken, ändert sich automatisch auch das eigene Handeln.

Das Schöne dabei ist, dass wir unsere Gedanken selbst gestalten können. Wir können denken, was wir wollen, ohne dass es andere mitbekommen oder wir uns dafür rechtfertigen müssen. Wir selbst können unsere Gedanken kontrollieren und steuern. Was noch viel schöner ist: Jeder von uns kann seine Gedanken aktiv für sich und seine Zielerreichung nutzen. Viel mehr noch: Wir können unsere Gedanken für ein glückliches und erfülltes Leben nutzen.

5.1 Die Macht unserer Gedanken

Am Anfang von alledem, was wir machen, steht immer ein Gedanke – und dieser Gedanke hat Macht. Jeder von Ihnen kann es selbst ausprobieren: Denken Sie noch einmal an mein Beispiel aus dem ersten Kapitel, wo es unter anderem um das Phänomen des Trainingsweltmeisters ging. Und zwar an das Beispiel mit den zwei zehn Zentimeter breiten Balken: einer am Boden liegend, der andere in zwei Meter Höhe. Laufen Sie über den zehn Zentimeter breiten Balken in zwei Meter Höhe und lassen Sie Ihren Gedanken freien Lauf. Wie Sie einen falschen Schritt machen, das Gleichgewicht verlieren, vom Balken stürzen und in die Tiefe fallen. Vielleicht noch, wie Sie auf den harten Boden aufschlagen und sich die Knochen brechen. Wer diese Gedanken hat, der hat verloren – denn dann kommt die Angst. Ihre Knie fangen an zu zittern, Sie werden nervös, Ihre Handflächen fangen an zu schwitzen und von diesem Augenblick an ist jeder Schritt, den Sie gehen, ein absolutes Risiko.

Schaffen Sie es aber, Ihre Gedanken zu kontrollieren und ins Positive zu lenken – wie Sie festen Schrittes und voller Zuversicht den Balken überqueren – Sie werden tatsächlich ohne Probleme über den zwei Meter hohen Balken laufen. Das Einzige, was das Vorhaben erschwert und für viele Menschen vielleicht sogar unmöglich macht, sind die eigenen Gedanken. Das wirklich Amüsante an dem Beispiel ist: Den Balken in zwei Meter Höhe zu überqueren ist genauso einfach, wie über den am Boden liegenden Balken zu laufen.

Wir Menschen können uns das Leben mit unseren Gedanken erschweren oder vereinfachen. Die Macht der Gedanken hat also positive oder negative Auswirkungen auf unser Handeln und dementsprechend auch auf alle Ergebnisse, die wir einfahren.

Wenn ich auf dem Tennisplatz stehe und an einen Doppelfehler denke, mache ich einen. Wenn ich an eine drohende Niederlage denke, verliere ich. Gleiches gilt für die Berufswelt. Beschäftige ich mich gedanklich mit einem scheiternden Projekt, wird es scheitern. Denke ich daran, wie ich bei einer Kundenpräsentation versage, versage ich auch. Es sind die Gedanken, die unser Handeln dominieren.

Alle Inhalte in den folgenden Unterkapiteln zielen darauf ab, die Macht der eigenen Gedanken dahingehend zu nutzen, dass wir unsere Ziele, aber auch bevorstehende Herausforderungen erfolgreich meistern – mithilfe der Gedankenkraft.

Auf einen Blick

Unsere Gedanken haben Macht über unser Handeln, denn sie bestimmen es. Wir programmieren uns gedanklich meist völlig unbewusst auf Erfolg oder Misserfolg. Es ist völlig sinnlos danach zu streben, dass eigene Handeln zu optimieren, denn die entscheidende Komponente dafür sind unsere Gedanken. Wer erfolgreich handeln will, muss in einem ersten Schritt erfolgreich denken.

5.2 Think big – Die Kunst, groß zu denken

Alle erfolgreichen Menschen haben eine ganz besondere Fähigkeit: Sie sind in der Lage, sich ihre ideale Zukunft selbst zu erschaffen, und zwar mithilfe ihrer Vorstellungskraft. Albert Einstein hat zu seiner Zeit schon gesagt: »Vorstellungskraft ist wichtiger als Wissen, denn Wissen ist begrenzt.« Einzig unsere Vorstellungskraft zeigt uns die Grenzen von dem auf, was wir in unserem Leben erreichen können und was nicht. Sie haben sicher schon einmal von dem berühmten Think big gehört. Die Kunst, groß zu denken.

Das Problem vieler Menschen ist, dass sie einfach zu klein denken und sich überhaupt nicht vorstellen können, etwas Großes zu erreichen. Genau hier ist die Krux an der Geschichte: Wir können nur das erreichen, was wir uns in unseren Gedanken auch vorstellen können.

Leistungsgrenzen sind nur mentale Grenzen
Leistungsgrenzen gibt es nicht. Wir stoßen in Bezug auf unser Leistungsvermögen nie an eine Grenze, die nicht überschritten werden kann. Es sind die mentalen Grenzen, die dafür sorgen, dass Leistungsgrenzen nicht überschritten werden können. Wer der Meinung ist, ein Assistentenjob ist das Höchste, was er in seiner Karriere erreichen kann,

der wird auch mehr in seiner Karriere nie erreichen können. Nicht weil er nicht imstande wäre mehr zu leisten, sondern weil er sich mehr zu leisten nicht vorstellen kann. Menschen, die sich gedanklich hingegen alles vorstellen können, Geschäftsführer, Vorstandsmitglied oder auch Vorstandsvorsitzender zu werden, werden es auf der Handlungsebene auch erreichen können.

Haben Sie Fantasie! Besonders wenn es darum geht, was Sie in Ihrem Leben erreichen wollen. Träumen Sie von großen Erfolgen, haben Sie Visionen – völlig egal für wie unrealistisch oder lächerlich andere diese halten. Sie müssen es ja keinem erzählen. Lassen Sie es in Ihrem Kopf, aber träumen Sie! Vorstellungskraft schafft Wirklichkeit. Jahre bevor erfolgreiche Menschen wirklich erfolgreich sind, sind sie es in ihren Gedanken, haben ihre größten Erfolge vorher schon tausendmal in ihrem Kopf erlebt.

Bevor ich auch nur einen einzigen Vortrag auf einer Bühne vor Publikum gehalten habe, habe ich in meinem Kopf Vorträge auf den größten Bühnen in Deutschland, Österreich und der Schweiz gehalten. Seitdem ich ein Kind bin, bin ich fasziniert von dem Ironman auf Hawaii, dem härtesten Triathlon der Welt. 3,86 Kilometer Schwimmen, 180,2 Kilometer Radfahren und einen Marathonlauf über 42,195 Kilometer. Das Ganze bei 40 Grad im Schatten. Nur dass da, wo Sie sind, kein Schatten ist. Körperlich stellt es mich aktuell noch vor eine unlösbare Aufgabe. In meinen Gedanken kann ich es mir aber vorstellen. Dieser Triathlon übersteigt nicht meine Vorstellungskraft – also übersteigt er auch nicht meine Leistungsgrenze. Ich werde ihn in den nächsten Jahren erfolgreich bestreiten, das steht außer Frage.

Erweitern Sie Ihre mentalen Grenzen und Sie werden merken, dass sich automatisch Ihre Leistungsgrenzen nach oben hin verschieben. Sie werden mehr erreichen und sich und Ihr Leben auf ein neues, höheres Podest stellen. Ich sage es noch einmal: Jeder Mensch kann nur genau das erreichen, was er sich vorstellen kann. Es gibt kein Leistungslimit, wir limitieren uns nur selbst – in unseren Gedanken.

Denke groß, aber starte klein

Einzig unsere Vorstellungskraft zeigt uns die Grenzen von dem auf, was wir in unserem Leben erreichen können und was nicht. Dabei gilt es aber einen Grundsatz einzuhalten: Denke groß, aber starte klein. Wer mit dem Joggen beginnen möchte und direkt den Marathon in seinem Kopf hat und sich selbst schon beim Zieleinlauf des New-York-Marathons sieht, der hat die Voraussetzungen, bei einem Marathon ins Ziel zu kommen, schon einmal gelegt – und zwar auf der Mentalebene.

Auf der Handlungsebene ist es aber ganz wichtig trotz der großen Gedanken erst einmal klein zu starten. Wenn sich ein Laufanfänger direkt auf die Marathondistanz begibt, wird er schnell die Lust am Joggen und an seinem Vorhaben verlieren. Ganz einfach, weil er jedes Mal aufs Neue frustriert sein wird, dass er die Distanz nicht geschafft hat. Wer aber klein startet, nämlich zunächst mit fünf Kilometern, dann auf zehn Kilometer hochgeht, dann auf fünfzehn und so weiter – der wird sein Vorhaben realisieren. Trotz großer Gedanken und großer Vorhaben gilt es klein zu beginnen. Das gilt für alle Bereiche unseres Lebens.

Ich bin als Keynote-Speaker auch nicht auf den größten Bühnen eingestiegen, auch wenn ich es in meinen Gedanken so haben wollte. Ganz im Gegenteil. Mein erster Vortrag war vor zwanzig Menschen auf einer Bühne, die so klein war, dass man es eigentlich gar nicht Bühne nennen kann.

Apple-Gründer Steve Jobs hat in einer Garage begonnen die ersten Computer zu bauen ...
Amazon-Chef Jeff Bezos startete seine berufliche Karriere hinter dem Tresen einer McDonald's-Filiale. Heute zählt er zu den reichsten Menschen der Welt ...
Börsenguru Warren Buffet trug in seiner Jugend Zeitungen aus, verkaufte Coca-Cola-Flaschen und gebrauchte Golfbälle. Heute ist er Multimilliardär ...

»Vorstellungskraft ist wichtiger als Wissen, denn Wissen ist begrenzt.«

Auf einen Blick
Viele Menschen sind von dem Problem betroffen, dass sie einfach zu klein denken. Sie können sich gar nicht vorstellen, etwas Großes zu erreichen. Auf der Handlungsebene können wir aber nur das erreichen, was wir uns in unserem Kopf vorstellen können. Leistungsgrenzen sind keine Leistungsgrenzen – es sind mentale Grenzen, welche die Leistung limitieren.

5.3 Die Strategie der Visualisierung – Den Erfolg herbeidenken

Haben Sie sich schon einmal gefragt, warum zum Beispiel Sportlerinnen und Sportler vor Wettkämpfen oftmals mit geschlossenen Augen in einer Ecke sitzen? Manchmal sieht es wirklich lustig aus und man könnte meinen, sie machen grad ein kleines Nickerchen – was sie natürlich nicht tun. Sie visualisieren. Was das ist? Eine der wichtigsten Mentalstrategien, wenn es darum geht, mentale Voraussetzungen für Erfolg zu schaffen.

Es sind nicht nur Spitzensportler, die diese Strategie nutzen – alle erfolgreichen Menschen nutzen sie. Erfolgreiche Menschen sind Meister des Kopfkinos. Sie denken sich den Erfolg quasi herbei. Besonders vor oder während Wettkämpfen bereiten sie ihren Körper durch die mentale Visualisierung auf den Erfolg vor. Dabei gehen sie die bevorstehenden Bewegungen noch einmal bis ins kleinste Detail so realitätsnah wie möglich durch oder schauen sich selbst beim Siegen zu.

Wenn ein Formel-1-Fahrer bei einem Formel-1-Rennen am Start steht, dann ist das Rennen für ihn schon fast gelaufen, zumindest mental. Tagelang hat er sich darauf vorbereitet, ist das Rennen in seinem Kopf immer und immer wieder gefahren. Bei Sonne, bei Regen, bei trockener Strecke, bei nasser Strecke. Er hat sich selbst am Start gesehen, die Unebenheiten der Strecke im ganzen Körper gespürt, den Fahrtwind im Gesicht. Gesehen, wie die Anzeigentafel Position eins anzeigt, den Applaus der Zuschauer gehört, die Glücksgefühle des Sieges gespürt. Tag für Tag fährt er sein Rennen. Tag für Tag gewinnt er sein Rennen – in seinem Kopf.

Er verliert einen Augenblick die Kontrolle über sein Auto, aber das macht ihm nichts. Im Kopf hat er alle nur möglichen Fehler korrigiert, hat alle Eventualitäten durchgespielt. Er weiß, dass nichts passieren kann, auf das er nicht vorbereitet ist. Spitzensportler erleben ihr Ziel mit allen Sinnen, bevor sie es tatsächlich physisch erleben. Das gilt nicht nur für die Top-Athleten, sondern für jeden erfolgreichen Menschen. Sie hinterlegen auf diese Art und Weise erfolgreiche Muster in ihrem Unterbewusstsein, die das Unterbewusstsein dann nur noch abspulen muss.

Handlungsmuster im Unterbewusstsein ablegen

Den meisten Menschen mag es komisch vorkommen, aber unser Körper macht nur das, was unser Unterbewusstsein ihm sagt. Mir kam es auch komisch vor. Mit fünfzehn Jahren bekam einen neuen Tennistrainer bekommen, der direkt in der ersten Trainingsstunde meinen Aufschlag korrigieren wollte. Ich hatte nie wirklich gelernt, die rechte Schulter beim Aufschlag nach hinten zu drehen, sodass ich große Probleme mit einem Kick-Aufschlag hatte. Mein neuer Trainer sprach mit mir penibel genau die korrekte Aufschlagbewegung durch und sagte mir, ich solle drei Tage lang nichts anderes machen, als mir diese Bewegung in meinen Gedanken vorzustellen. Ganz besonders müsse ich dabei förmlich spüren, wie sich meine rechte Schulter nach hinten dreht. Erst dann sollte ich wieder zurück zum Training kommen.

Ich sage es Ihnen ganz ehrlich: Ich habe gedacht, er spinnt! Ich wollte Tennis spielen und mir nichts in meinen Gedanken vorstellen – damals hatte ich diese Ansicht nun einmal. Trotz aller Zweifel tat ich es aber. Ich weiß leider nicht mehr genau, warum ich mich dazu entschlossen habe. Vielleicht aus Verzweiflung, vielleicht aus Neugierde, vielleicht aber auch, um einfach mal was Neues auszuprobieren – ich weiß es nicht mehr. Auf jeden Fall tat ich es. Ich sah mich an der Linie auf dem Tennisplatz stehen. Sah, wie ich den Ball hochwerfe. Sah und spürte, wie sich meine rechte Schulter nach hinten drehte. Sah, wie ich den Ball mit viel Drall nach oben schlug. Ich verfolgte sogar die Flugkurve des Balles und sah, wie er auf der gegnerischen Seite aufsprang.

Drei Tage lang hatte ich nur Abläufe von diesen Bildern in meinem Kopf. Dann bin ich zurück zum Training und habe meinem Trainer etwas pampig gesagt, dass ich jetzt drei Tage lang nicht in der Schule war und nur visualisiert habe. Ich wusste immer noch nicht, warum ich diesen Quatsch überhaupt machen sollte. Mein Coach kam zu mir und bat mich, mir den Aufschlag noch einmal in meinen Gedanken vorzustellen und ihn danach auszuführen. Ich ließ die Bilder nochmals Revue passieren und dann warf ich den Ball hoch – und beim Hochwerfen des Balles merkte ich schon, wie sich völlig automatisch meine rechte Schulter nach hinten drehte. Viel mehr noch: Ich hatte den besten Kick-Aufschlag meines Lebens. Seit diesem Tag ist der Aufschlag für mich eine automatisierte Bewegung. Von diesem Tag an habe ich keinen Aufschlag mehr ausgeführt, sei es im Training oder im Wettkampf, von dem ich nicht vorher ein klares Bild vor Augen hatte.

Die wissenschaftliche Bestätigung

Vielleicht geht es Ihnen jetzt so wie mir bei meinem damaligen Tennistrainer und Sie denken: »Was erzählt der Czerner mir hier.« Sollten Sie Zweifel haben – vor einigen Jahren gab es ein hochinteressantes Experiment, das ganz ausführlich im Journal of Neurophysology beschrieben wurde (Clark, Mahato, Nakazawa, Law, Thomas 2014: 12):

Bei diesem Experiment wurden drei Gruppen für einen Zeitraum von vier Wochen getestet. Die Teilnehmer der ersten Gruppe hatten die Aufgabe, den kleinen Finger mit einer bestimmten Übung physisch anzuspannen. Gruppe zwei hatte exakt die gleiche Aufgabe, mit dem kleinen Unterschied, dass sich die Probanden die Übung nur in Gedanken vorstellen, sprich visualisieren sollten. Gruppe drei war lediglich eine Kontrollgruppe und machte gar nichts von beidem. Nach der Versuchsdauer von vier Wochen hatten die Teilnehmer der ersten Gruppe durch physisches Training im kleinen Finger einen Kraftzuwachs von 30 Prozent. Gruppe zwei, die ausschließlich visualisierte, hatte einen Kraftzuwachs von 22 Prozent zu verzeichnen. Gruppe drei als Kontrollgruppe logischerweise einen Kraftzuwachs von 0 Prozent.

Ein erstaunliches Ergebnis, oder? Besonders wenn man sich einmal vor Augen hält, dass Gruppe zwei im wahrsten Sinne des Wortes nicht einen Finger krumm gemacht hat. Die Bedeutung des Experiments ist eindeutig: Was unser

Gehirn visualisiert, setzt unser Körper entsprechend um. Das wiederum bedeutet, dass unser Körper nicht den Unterschied zwischen dem kennt, was wir tatsächlich physisch ausführen, und dem, was wir uns nur in Gedanken vorstellen.

Worst-Case-Szenarien: Der Anfang vom Ende
Jetzt kommt die gute Nachricht: Die meisten Menschen beherrschen diese Strategie nahezu perfekt. Die schlechte Nachricht lautet: Die meisten Menschen setzen diese Strategie ausschließlich zu ihrem Nachteil ein.

Wie oft haben Sie sich schon einmal das absolute Worst-Case-Szenario vorgestellt? So richtig bis ins kleinste Detail. Was alles schieflaufen kann. Unmittelbar vor einer wichtigen Präsentation. Wie Sie anfangen zu stottern, nach und nach immer mehr den roten Faden verlieren, Inhalte durcheinander werfen. Wie die ersten negativen Reaktionen aus dem Publikum kommen, wie Sie die Präsentation völlig vermasseln, danach im Büro Ihres Chefs sitzen, um sich vielleicht sogar die fristlose Kündigung für diesen desolaten Auftritt abzuholen.

Kennen Sie solche Gedankengänge? Sie spüren richtig die negativen Emotionen, so als wäre es Realität – und dann wundern wir uns allen Ernstes, dass es auch genau so kommt, wie wir es gedanklich schon prophezeit haben. Das Einzige, was vielen Menschen dann noch einfällt, ist ein läppisches

»Ich hab's ja gewusst« oder »Ich hab's ja geahnt«. Das Einzige, was wir mit diesen Gedankengängen machen, ist, uns auf den Misserfolg vorzubereiten.

In dem Moment, in dem wir negative Ereignisse visualisieren, ist die Wahrscheinlichkeit sehr hoch, diese durch unser Handeln auch zu erreichen. Negative Denkmuster, Worst-Case-Szenarien sind tödlich. Visualisieren wir aber die erfolgreiche Erreichung unserer Ziele, erhöhen wir die Wahrscheinlichkeit, diese zu erreichen, um ein Vielfaches.

Auf einen Blick
Erfolgreiche Menschen sind Meister des Kopfkinos. Jahre bevor sie durch ihr Handeln erfolgreich sind, sind sie es in ihren Gedanken. Sie haben ihre größten Erfolge vorher schon tausendmal in ihrem Kopf erlebt. Dabei handelt es sich um eine der wichtigsten Mentalstrategien überhaupt: Die Strategie der Visualisierung. Was unser Gehirn visualisiert, setzt unser Körper entsprechend um.

5.4 Mental vorbereitet sein – egal was kommt

Die Strategie der Visualisierung haben Sie im vorherigen Unterkapitel kennengelernt. Zentraler Punkt ist hier die Visualisierung des Erfolgs gewesen. Wie schädlich es für den

Erfolg ist, Worst-Case-Szenarien mental durchzuspielen, ist hoffentlich auch rübergekommen. Erfolgreiche Menschen beschäftigen sich mental aber dennoch mit anderen Szenarien als nur mit dem Best-Case-Szenario – nämlich mit allen möglichen realistischen Szenarien.

Spitzensportler nutzen diese Methode, um mental auf ihre Wettkämpfe top vorbereitet zu sein. Auch Piloten arbeiten seit vielen Jahren mit dieser Visualisierungsstrategie. Für Spitzensportler gehört es zu der mentalen Wettkampfvorbereitung, alle möglichen Szenarien mental durchzugehen. Genauso, wie Piloten Ernstfälle in regelmäßigen Abständen gedanklich durchspielen.

In den entscheidenden Situationen kann diese mentale Vorbereitung über Erfolg oder Misserfolg entscheiden. Warum? Weil es ein entscheidender Vorteil ist, mental trainiert zu sein. Tritt tatsächlich eine der zuvor mental durchgespielten Situationen ein, ist mehr Zeit da, um zu reagieren. Denken Sie noch einmal an das erste Kapitel und den Flugkapitän Chesley Sullenberger, der einen Airbus mit 155 Menschen an Board nach einem beidseitigen Triebwerkausfall auf dem Hudson in New York gelandet hat. Alle Menschen sind unversehrt aus der Maschine gestiegen. Solch eine Leistung war nur möglich, weil er mental auf diese Situation vorbereitet war. Verstehen Sie mich nicht falsch: Er wusste nicht vor dem Start, dass zwei Triebwerke ausfallen würden. Aber er hat das Szenario eines Trieb-werkausfalls in seiner langjährigen Pilotenkarriere mental immer wieder durchgespielt und war vorbereitet, als dieses Szenario tatsächlich eintrat.

Es gibt keine Veranstaltung, auf der ich als Keynote-Speaker auftrete, auf die ich mich nicht intensiv mental vorbereite. Jedes Mal, wenn ich auf der Bühne stehe, bin ich auf alle möglichen Szenarien trainiert. Es können so viele Sachen passieren: Das Mikrofon kann urplötzlich ausgehen, meine visuelle Keynote kann durch einen technischen Defekt verschwinden, ich kann den inhaltlichen Faden verlieren, auf der Bühne stolpern – es sind zahlreiche Szenarien, die eintreten können und wahrscheinlich auch irgendwann eintreten werden.

Bisher bin ich, Gott sei Dank, noch nie auf der Bühne gestolpert. Sollte das aber einmal passieren, bin ich darauf vorbereitet – einzig weil ich dieses Szenario in regelmä-ßigen Abständen in meinen Gedanken durchspiele. Ich weiß jetzt schon, wie ich reagieren werde, sollte dieses Szenario eintreten. Viel wichtiger noch: Diese Situation wird mich nicht überraschen und aus dem Konzept bringen.

Was glauben Sie würde passieren, wenn ich dieses Szenario noch nie gedanklich durchgespielt hätte? Richtig, ich würde wahrscheinlich die Nerven verlieren. So wie ich mich auf meine Vorträge mental vorbereite, bereite ich mich auch auf jedes Tennismatch vor. Während eines Matches habe ich keine Zeit, nach Lösungen für plötzlich auftretende Probleme zu suchen. Ich muss die Lösungen sofort parat haben.

Wer sich mental mithilfe der Visualisierungsstrategie auf alle möglichen Szenarien vorbereitet, der ist in der Lage, punktgenau zu reagieren und zu handeln, wenn eines dieser Szenarien eintritt. Die Aussichten auf Erfolg steigen so um ein Vielfaches an.

Vielleicht denkt jetzt der eine oder andere von Ihnen: »Also doch Worst-Case-Szenarien!« Ich möchte an dieser Stelle ganz ausdrücklich sagen, dass es nicht so ist. Mögliche zu erwartende Szenarien sind keine Worst-Case-Szenarien. Ich stelle mir vor, wie ich in Worst-Case-Szenarien erfolgreich reagiere, um sie abzuwenden, nicht wie ich in diesem Szenario versage.

Ein Formel-1-Fahrer stellt sich in seinen Gedanken nicht vor, wie er mit 300 Kilometern pro Stunde in eine Betonmauer fährt und stirbt. Aber er spielt die Situation durch, wie er mit 300 Kilometern pro Stunde auf diese Mauer zurast und ihm die Bremsen versagen. In seinen Gedanken meistert er diese Situation erfolgreich.

Darüber hinaus visualisiert jeder erfolgreiche Mensch wesentlich häufiger den Erfolg als Nebengeräusche, die auf dem Weg dorthin passieren können. Bereiten Sie sich mental vor, besonders auf die Situationen, in denen Sie Höchstleistungen erbringen müssen. Beschäftigen Sie sich mit möglichen Szenarien und spielen Sie diese durch. Ich verspreche Ihnen, dass Sie auf alle Eventualitäten vorbereitet sein werden und diese perfekt meistern werden.

Auf einen Blick
Mental vorbereitet sein bedeutet im Vorfeld im Kopf alle möglichen Szenarien durchgespielt zu haben. Verliert ein Formel-1-Fahrer die Kontrolle über sein Auto, macht ihm das nichts. Er hat alle Eventualitäten durchgespielt. Es kann nichts passieren, auf das er mental nicht vorbereitet ist. Auch Worst-Case-Szenarien werden mental durchgespielt, aber mit erfolgreichem Ausgang. Nur so können wir in den wichtigen Situationen top vorbereitet sein.

5.5 Das Geheimnis resilienter Menschen: Gedanken steuern lernen

Ein weiterer wichtiger Punkt im mentalen Training ist die Gedankensteuerung. Zu einer bestimmten Zeit an die richtigen Dinge denken. Wir sind nur in der Lage, maximale Leistung abzurufen, wenn wir gedanklich zu 100 Prozent bei dem sind, was wir gerade machen. Wer in einem wichtigen Meeting ist und auf einmal an seine Probleme im privaten Bereich denkt, wird keine Bestleistung abrufen können. Negative und ablenkende Gedanken mindern das eigene Leistungsniveau enorm.

Erfolgreiche Menschen schaffen es, keine negativen oder ablenkenden Gedanken aufkommen zu lassen, wenn sie Höchstleistungen erbringen müssen. Wir Menschen haben so oder so nur zwei Möglichkeiten: Entweder wir kontrollieren unsere Gedanken oder aber unsere Gedanken kontrollieren uns. Wir können nicht entscheiden, welche Gedanken kommen. Besonders negative Gedanken kündigen sich vorher nicht an – sie kommen einfach, ohne Wenn und Aber. Dagegen können wir nichts machen. Aber wir können entscheiden, welche dieser Gedanken wir zu Ende denken und welche nicht. Genau das lässt sich trainieren.

Wenn Sie einen negativen Gedanken haben, brechen Sie ihn sofort ab und ersetzen Sie ihn umgehend durch einen positiven. Keiner zwingt Sie einen negativen Gedanken bis zum bitteren Ende zu Ende zu denken. Das machen wir freiwillig. Jeder von uns, auch erfolgreiche Menschen, werden mit negativen Gedanken konfrontiert – aber sie geben diesen Gedanken keine Chance. Sie werden sofort abgebrochen und durch positive Gedanken ersetzt.

Während eines Tennismatches kann immer mal der Gedanke an das Verlieren aufkommen. Solche Gedanken habe ich auch oft genug. Aber ich bin in der Lage, diesen Gedanken sofort im Keim ersticken zu lassen. Sobald der Gedanke einer drohenden Niederlage kommt, ersetze ich ihn durch einen Gedanken an den Sieg. Gleiches gilt vor einem Keynote-Vortrag. Auch hier werde ich regelmäßig mit negativen Gedanken konfrontiert. Würde ich sie zulassen, würde die Qualität meiner Arbeit erheblich darunter leiden. Durch gezielte Steuerung haben solche Gedanken aber keine Chance.

Jeder von Ihnen kann das trainieren, und das mit langfristigen Auswirkungen: Je öfter Sie negative Gedanken durch positive ersetzen, desto positiver wird die Gesamtheit Ihrer Gedanken. Die Anzahl negativer Gedanken wird sich merklich vermindern. Dass erfolgreiche Menschen positiv denkende Menschen sind, resultiert nur aus dieser Vorgehensweise.

Auf einen Blick

Wir können nicht entscheiden, welche Gedanken kommen. Das gilt besonders für negative Gedanken. Aber wir können entscheiden, welche dieser Gedanken wir zu Ende denken und welche nicht. Erfolgreiche Menschen schaffen es, besonders in den wichtigen Momenten, keine negativen und ablenkenden Gedanken zuzulassen.

5.6 Nutze die Gewohnheit: Rituale zu maximaler Leistung

Was das Ausblenden von störenden und ablenkenden Gedanken angeht, kann man sogar noch einen Schritt weitergehen. Wer Höchstleistungen erbringen will, der kann sich gedanklich nur mit dem beschäftigen, was er gerade macht. Viele Menschen beschäftigen sich gedanklich in wichtigen Situationen aber immer wieder mit Gott und der Welt, sodass sie gedanklich nicht zu 100 Prozent bei dem sind, was sie gerade machen. Rituale können genau das verhindern. Rituale sind etwas, das jeder erfolgreiche Mensch hat. Sie sind aber auch etwas ganz Persönliches, über das kaum einer spricht. Daher werden sie auf den ersten Blick nur selten sichtbar. In der Sportwelt können wir sie hin und wieder aktiv sehen. Haben Sie sich schon einmal gefragt, warum Spitzensportler so viele Rituale ausüben?

Rafael Nadal zum Beispiel – der König der Rituale. Nadal geht immer erst kalt duschen, bevor er den Tennisplatz betritt. Vor jedem Aufschlag berührt er seine Ohren, seine Nase, seine Schultern und seine Hose in einer ganz bestimmten Reihenfolge. Bei jedem Seitenwechsel widmet er sich seinen beiden Trinkflaschen – eine gut gekühlt, die andere auf Zimmertemperatur. Aus jeder nimmt er nur einen Schluck. Danach stellt er beide Flaschen zwischen seine Beine, mit

dem Etikett in die gleiche Richtung ausgerichtet, hinterein-
ander auf den Boden.

Klingt doch irgendwie verrückt, oder? Ist es aber nicht.
Jedes dieser Rituale hat für Rafael Nadal eine tiefe Bedeutung. Wenn er aus der Dusche kommt, gibt es für ihn nichts
mehr außer dem bevorstehenden Duell. Alles, was ihn in
seinem Alltag so beschäftigt, lässt er in der Dusche. Auch
das Ritual mit den Flaschen verteidigt er: Es ist sein Weg,
sich in einem Match zu positionieren. Er will die Dinge um
sich herum einfach so ordnen, wie er sie in seinem Kopf
gerne hätte.

Rituale haben nichts mit Aberglaube zu tun
Rituale erleichtern die mentale Vorbereitung auf eine Zeit
äußerster körperlicher und geistiger Anstrengung. Nichts
darf dabei stören, nichts darf ablenken. Leider verwechseln
viele Menschen Rituale mit Aberglauben.

Ich werde selbst immer wieder gefragt, warum ich denn so
abergläubisch sei. Ich ziehe mir immer zuerst den linken
Schuh an, bevor ich den Tennisplatz betrete. Mittlerweile
mache ich das auch in meinem Alltag. Mein Handtuch liegt
immer links neben mir auf der Bank. Sollten meine Eltern mit
dabei sein, schaue ich sie an, bevor ich den Platz betrete.
Sind sie es nicht, rufe ich sie vorher an und frage, ob es
ihnen gut geht. Gleiches mache ich unter anderem auch

vor jedem Vortrag. Für manche Menschen mag das verrückt klingen – für mich sind das mentale Wohlfühloasen.

Warum ich das mache? Ich bin ein Familienmensch. Ich habe früher auf dem Tennisplatz, aber auch in anderen Situationen, in denen ich Höchstleistungen erbringen musste, immer wieder mal meine Familie im Kopf gehabt, sodass ich gedanklich nicht zu 100 Prozent bei dem war, was ich gerade tat. Durch dieses Ritual lasse ich meine Familie nicht in meine Gedanken, während ich spiele oder auch auf der Bühne stehe und spreche. Ich schaue nur ein einziges Mal nach ihnen, und zwar vorher. Zu wissen, dass sie da sind oder dass es ihnen gut geht, gibt mir einen innerlichen Frieden, der mich erfolgreich macht.

Besonders in einem Tennismatch bin ich schon mit genügend Dingen beschäftigt: Geht meine Strategie auf, muss ich sie anpassen, wenn ja – in welche Richtung? Durch dieses Ritual baue ich eine Wand um mich herum, während ich Höchstleistungen abrufen muss – aber meine Familie ist der Zement, der diese Wand zusammenhält.

Erbauen Sie mentale Wohlfühloasen durch Rituale
Ich kann Ihnen wirklich nur empfehlen, Rituale zu nutzen, wenn auch Sie Höchstleistungen erbringen müssen. Finden Sie in einem ersten Schritt heraus, was Sie gedanklich ablenkt, wenn Sie Bestleistungen bringen müssen. In einem

zweiten Schritt geht es dann darum, diese Gedanken durch Rituale aus Ihrem Kopf zu bekommen. Es muss ja nichts Spektakuläres sein. Sie müssen nicht vor einem wichtigen Meeting nackt im Büro tanzen oder dergleichen. Vor einer wichtigen Kundenpräsentation, vor der man extrem nervös und angespannt ist, kann das Ritual zum Beispiel daraus bestehen, sich noch einmal kurz zurückzuziehen und die Eckpunkte der Präsentation noch einmal gedanklich durchzugehen.

Lassen Sie Rituale zu Routinen werden. Es müssen Gewohnheiten werden, mit denen Sie sich wohlfühlen. Sollte Rafael Nadal, was nicht passiert, einmal vergessen vor seinem Aufschlag seine Ohren, Nase, Schultern und Hose in dieser Reihenfolge anzufassen, würde er sich direkt unwohl fühlen. Es würde etwas fehlen. Sollte ich einmal vergessen meine Eltern vor einem Vortrag anzurufen, würde mir etwas fehlen und ich würde mich ebenfalls unwohl fühlen. Es ist für mich ein völlig automatisierter Ablauf, der fest eingeplant ist.

Machen Sie nur nicht den Fehler, Rituale mit Aberglauben zu verwechseln. Sollte mein Handtuch mal nicht links neben mir auf der Bank liegen, dann geht für mich die Welt nicht unter und dann denke ich auch nicht: »Scheiße, jetzt habe ich eh verloren.« Rituale beeinflussen nicht das Ergebnis an sich – Rituale schaffen Raum, um maximale Konzentration und Leistung abzurufen. Wäre ich abergläubisch, würde ich nach jeder Niederlage etwas anderes machen. Mache ich aber nicht. Ich habe immer die gleichen Rituale, völlig egal ob ich gewinne oder verliere oder ob die Dinge für mich gut oder schlecht laufen.

Richtig eingesetzt, steigern Rituale die Konzentration auf ein Maximum – und somit auch die Leistung.

Auf einen Blick

Ablenkende Gedanken lassen sich durch Rituale aus dem Kopf verbannen. Dabei haben Rituale nichts mit Aberglauben zu tun. Rituale schaffen Raum, um maximale Konzentration zu erbringen und somit maximale Leistung abzurufen. Höchstleistungen können nur erbracht werden, wenn wir gedanklich zu 100 Prozent bei dem sind, was wir gerade machen.

6.
Fokus –
Erfolg ist Einstellungssache

»Immer wieder versucht. Immer wieder gescheitert. Egal. Versuch's wieder. Scheitere wieder. Scheitere besser.«

Samuel Beckett, irischer Schriftsteller

Ich habe Ihnen im vorherigen Kapitel viel über die Macht unserer Gedanken erzählt. Besonders nach Vorträgen werde ich oft gefragt, ob wir unsere Gedanken beziehungsweise unsere Denkmuster, die wir seit vielen Jahren haben, denn einfach so ändern können. Einfach so nicht – aber mit ein bisschen Zeit und Training ist das möglich. Alles, was wir dafür ändern müssen, ist unser Fokus – Erfolgsfaktor Nummer fünf.

Was ich mit Fokus meine? Sie kommen Montagmorgen ins Büro und Ihre Kollegin oder Ihr Kollege fragt Sie: »Und? Wie war dein Wochenendurlaub?« Sie schauen leicht zerknirscht drein und antworten: »Leider nicht so gut. Es hat nur geregnet. Das Wetter hat mir das Wochenende versaut.« Kennen Sie vielleicht. Ich bin mir sehr sicher, dass es der eine oder andere von Ihnen so oder so ähnlich schon einmal erlebt hat. Zurück zu Ihrer Aussage »Das Wetter hat mir das Wochenende versaut«. Nicht das Wetter hat Ihnen das Wochenende versaut – Ihr Fokus hat Ihnen das Wochenende versaut.

Unser Fokus ist entscheidend dafür, wie wir die Dinge sehen und welche Bedeutung wir ihnen geben. Wieso kann uns das Wetter ein Wochenende versauen? Ja, die meisten von uns wollen Sonne haben, wenn sie wegfahren. Ja, bei Regen sind wir in Bezug auf Unternehmungen und Aktivitäten stark eingeschränkt. Aber müssen wir deswegen das ganze Wochenende mit einer lang gezogenen Schnute rumlaufen und die ganze Zeit jammern, dass es nur regnet und alles scheiße ist? Entschuldigen Sie das Wort, aber so ist es nun einmal. Das schlechte Wetter schränkt uns vielleicht ein, aber was wir aus der gegebenen Situation machen, liegt an uns selbst. Wir können uns das verregnete Wochenende nur selbst versauen – mit unserem Fokus.

Die Erfolgsaussichten steigen um ein Vielfaches, wenn wir Situationen, die wir nicht ändern können, annehmen. Mich haben früher auf dem Tennisplatz eine Zeit lang die äußeren Umstände gestört. Mal war es zu windig, mal zu kalt, mal der Platz zu schlecht, mal war es regnerisch. Es gibt keine perfekten Bedingungen. Es gibt immer irgendwas, das uns stört und das wir gerne anders hätten. Anstatt mich auf mein Tennismatch und meine beste Leistung zu konzentrieren, war ich damit beschäftigt, mich über den Wind zu beschweren. Ich war nicht auf mein Spiel, sondern auf das Wetter fokussiert. So sehr ich mich auch damit beschäftigt habe und darüber aufgeregt habe – der Wind ging nicht weg. Was aber wegging, war mein Tennismatch. Es war schnell verloren, meine Leistung unterirdisch. Mit der Zeit habe ich gelernt, Situationen, die ich nicht ändern und beeinflussen kann, anzunehmen und als gegeben zu betrachten. Ich bin nur auf das fokussiert, was ich gerade mache, unabhängig von den Bedingungen. Dieser Fokus hilft mir, Höchstleistungen zu erbringen. Jeder von uns hat die Qual der Wahl: Aufregen oder akzeptieren. Erfolg oder Misserfolg.

6.1 Haltung prägt Verhalten – immer!

Vieles im Leben ist Einstellungssache. Erfolg auch. Viele Menschen sind geprägt von einer negativen Einstellung. Sie sehen immer nur die negativen Aspekte einer Sache. Viele von ihnen wollen aber auch nur die negativen Aspekte einer Sache sehen – weil sie sich mit all ihrer Kraft darauf fokussieren.

Niederlagen und Rückschläge werden im Laufe dieses Kapitels noch ein zentraler Punkt werden. Ein Beispiel aber schon einmal vorweg: Nehmen wir zwei Personen. Person eins sieht in Niederlagen das pure Versagen. Person zwei sieht in Niederlagen die Möglichkeit, sich zu verbessern und weiterzuentwickeln. Beide Personen haben zwei grundlegend verschiedene Einstellungen, woraus ein stark unterschiedliches Handeln resultiert.

Person eins wird, aufgrund ihrer Einstellung, in ihrem Handeln stets von Versagensängsten verfolgt sowie unsicher sein und viele Chancen nicht ergreifen. Person zwei hingegen wird, ebenfalls aufgrund der Einstellung, alle sich bietenden Chancen versuchen zu nutzen, Herausforderungen suchen und wesentlich selbstsicherer durchs Leben gehen. Es bedarf keiner hellseherischen Fähigkeiten, um sagen zu können, dass Person zwei wesentlich erfolgreicher sein wird.

Das Beispiel gilt nicht nur für die Betrachtung von Niederlagen und Rückschlägen, sondern für alle Bereiche des Lebens. Ob wir Herausforderungen annehmen oder nicht, ob wir Chancen ergreifen oder nicht, ob wir erfolgreich sind oder nicht – das alles ist Einstellungssache.

Erfolgreiche Menschen haben grundsätzlich eine positive Grundeinstellung. Daraus resultiert natürlich dann auch ein positiv angehauchtes Handeln. Sobald bei erfolglosen Menschen der Weg mal nicht nur geradeaus geht, macht ihre Einstellung ihnen Schwierigkeiten. Sie sehen diese Abzweigung als Problem, sind völlig verunsichert und bekommen Ängste. Diese negative Einstellung macht es dann auch fast unmöglich, wieder auf den eigentlichen Weg zu kommen. Für erfolgreiche Menschen ist es nicht schlimm, wenn sie ihren eigentlichen Weg verlassen müssen. Dann nehmen sie halt einen Umweg – was irgendwie ja auch eine Herausforderung ist. Und Herausforderungen sind spannend und interessant. Sie versuchen alles, um diese Herausforderungen zu meistern und wieder auf den richtigen Weg zu kommen – weil sie mit einer anderen Einstellung in diese Situation gehen.

Das Leben ist wie ein Tennismatch. Jeder will gewinnen. Aber die meisten haben nach dem ersten Break keine Lust mehr.

Auf einen Blick
Unser Fokus ist entscheidend dafür, wie wir die Dinge sehen und welche Bedeutung wir ihnen geben. Gemeint ist unsere innere Einstellung. So ist es die persönliche Grundeinstellung, wie zum Beispiel Niederlagen und Rückschlägen gegenübergetreten wird. Erfolgreiche Menschen sind stets positiv eingestellt und sind stets bestrebt auch bei Niederlagen und Rückschlägen das Positive zu sehen.

6.2 Sie brauchen Niederlagen, wenn Sie wachsen wollen

Monate-, vielleicht sogar jahrelang haben Sie sich auf dieses eine Ziel vorbereitet. All Ihre Energie haben Sie diesem einen Vorhaben gewidmet. Sie haben alles aus sich herausgeholt, um dieses eine Ziel zu erreichen – und am Ende haben Sie es nicht geschafft. Sie sind enttäuscht, niedergeschlagen, frustriert und fühlen den bitter schmeckenden Schmerz dieser Niederlage.

Ich denke, jeder von uns hat solche Situationen schon erlebt. Privat, beruflich, vielleicht auch in beiden Lebensbereichen. Auch ich habe sie zu genüge erlebt. Machen wir uns nichts vor: Dieser Augenblick der Niederlage schmerzt – und wie! Man fühlt sich leer, kann an nichts anderes mehr denken als das eigene Versagen. Und das Schlimmste: Man sieht vielleicht noch, wie sich die Gewinner feiern lassen. Besonders die berufliche Karriere ist gezeichnet von solchen Erlebnissen. Die Kollegin oder der Kollege, der die Beförderung bekommt – nicht Sie. Obwohl Sie alles gegeben haben, Überstunden gemacht und sich den Hintern aufgerissen haben.

Die Absage für einen sicher geglaubten Job. Das Platzen eines Investments in letzter Sekunde – das Investment, das Sie benötigen, um Ihre Firma finanziell über Wasser zu halten. Alles das sind Situationen, die wir alle nicht haben wollen, mit denen wir aber irgendwann konfrontiert werden. Niederlagen treffen jeden von uns. Je mehr wir investieren und riskieren, desto härter schlagen sie zu. Treffen sie uns, haben wir zwei Möglichkeiten: Wir ignorieren die Niederlage und schieben sie so weit es geht von uns weg. Oder wir stellen uns dieser Niederlage, schauen ihr in die Augen und nehmen sie dankend an. Es sind die Situationen, die keiner von uns will – aber jeder von uns für den Erfolg braucht, denn wir Menschen wachsen an unseren Rückschlägen.

Niederlagen sind kein Zeichen der Schwäche

Wie sieht es denn bei der breiten Masse aus? Wir versuchen etwas einmal und wenn es nicht klappt, lassen wir es sein. Warum? Hat ja nicht geklappt. Die wenigsten Menschen versuchen es noch ein zweites Mal und noch viel weniger ein drittes oder viertes Mal. Niederlagen werden in unserer Gesellschaft ja auch oft als Zeichen der Schwäche angesehen und dem wollen sich viele Menschen einfach nicht gegenüberstellen – weil sie Niederlagen schlicht und einfach mit dem falschen Fokus betrachten.

Gewinnen ist einfach, glauben Sie mir. Sie bekommen einen Pokal in die Hand gedrückt, halten ihn hoch, freuen sich, feiern die ganze Nacht – bei Niederlagen sieht das ganz anders aus. Damit umzugehen, sie anzunehmen, sich wieder aufzurichten, sich neue Ziele zu setzen, neu zu motivieren – das ist eine ganz andere Nummer. Macht am Ende des Tages aber immer den Unterschied, und zwar den Unterschied zwischen Erfolg und Misserfolg.

Ich möchte Ihnen gerne eine kleine Geschichte aus dem Spitzensport erzählen, die das, was ich Ihnen sagen möchte, treffender nicht ausdrücken kann: Der Schweizer Tennisprofi Stanislas Wawrinka, aktuell die Nummer drei der Tenniswelt, spielte bei den Australian Open 2013 im Achtelfinale gegen die damalige Nummer eins der Welt, Novak Djokovic. Wawrinka machte das Match seines Lebens und verlor nach über fünf Stunden Spielzeit im fünften und entscheidenden Satz mit 12:10. Als Stanislas Wawrinka den Platz verließ, vergoss er bittere Tränen, weil er wusste, dass er besser nicht spielen konnte.

Acht Monate später: US-Open 2013. Im Viertelfinale hatte Wawrinka gegen die damalige Nummer drei der Welt, Andy Murray, gewonnen, im Halbfinale wartete wieder Novak Djokovic – und Wawrinka spielte noch mal besser als zu Beginn des Jahres bei den Australian Open. Es wurde wieder über fünf Stunden gespielt. Es ging wieder in den fünften und entscheidenden Satz – und Wawrinka verlor diesen Satz wieder mit 6:4. Tennisexperten waren sich sicher, dass er sich von diesen beiden Niederlagen gegen Djokovic so schnell nicht mehr erholen würde, denn er hatte beide Male fast perfektes Tennis gespielt.

Australian Open 2014: Im Viertelfinale kam es wieder zum Duell zwischen Wawrinka und Djokovic. An gleicher Stelle, wo Wawrinka ein Jahr zuvor die bitterste Niederlage seines Lebens hatte hinnehmen müssen. Es wurde wieder über fünf Stunden gespielt. Es ging wieder in den fünften und entscheidenden Satz – und Stan Wawrinka gewann den entscheidenden Satz mit 9:7. Im Finale gewann er dann auch gegen Rafael Nadal und Wawrinka gewann sein erstes Grand Slam-Turnier.

Ein Jahr später gewann er bei den French Open in Paris sein zweites Grand Slam-Turnier – im Finale gegen Novak Djokovic. Djokovic hatte nicht den Hauch einer Chance und Wawrinka fegte ihn in vier unglaublichen Sätzen vom Platz. Wieder ein Jahr später gewann er sein drittes Grand Slam-Turnier, die US-Open. Wieder im Finale gegen Djokovic. Wieder hatte Djokovic nicht den Hauch einer Chance. In einer Siegesrede drehte Wawrinka sich zu Vovak Djokovic gedreht und bedankte sich bei ihm – dass er ohne ihn hier nicht als Sieger stehen würde.

Niederlagen sind der einzige Weg zu Verbesserung
Warum erzähle ich Ihnen das? Weil es das Sinnbild dessen ist, was ich Ihnen mit auf den Weg geben möchte: Wawrinka hat seine größten Erfolge gefeiert, weil er den richtigen Fokus hatte. Nach seinen dramatischen Niederlagen gegen Djokovic hat er sich ein Tattoo auf den linken Unterarm tätowieren lassen: »Ever tried. Ever failed. No matter. Try again. Fail again. Fail better.« Es ist das Zitat eines irischen Schriftstellers, Samuel Beckett, das übersetzt bedeutet: »Immer wieder versucht. Immer wieder gescheitert. Egal. Versuch's wieder. Scheitere wieder. Scheitere besser.« Wawrinka ist auf die Bedeutung angesprochen worden und er sagte, es sei seine Ansicht über seinen Job und sein Leben. Im Leben

müsse man bittere Niederlagen hinnehmen, aber man müsse wieder zurück ins Training, sonst gehe man daran kaputt.

Ich bringe es gerne einmal auf den Punkt, und wer von Ihnen schon einmal bittere und schmerzhafte Niederlagen hat hinnehmen müssen, wird meine Aussage wahrscheinlich nicht unbedingt gerne hören, aber sie entspricht der Wahrheit: Verlieren bedeutet nichts anderes, als dass Sie nicht gut genug waren. Sie sehen es an Stanislas Wawrinka: Er hat seine bittersten Niederlagen genutzt, um besser zu werden. Hätte er die dramatischen Matches gegen Djokovic nicht verloren, hätte er niemals die Australian Open gewonnen – und von den French Open und den US-Open will ich jetzt gar nicht erst reden. Er hat jede einzelne Niederlage genutzt, um besser zu werden. Genau das machen alle erfolgreichen Menschen – sie verlieren nicht, sie lernen hinzu!

Keiner von uns verliert gerne, ich auch nicht. Wenn ich etwas nicht mag, dann ist es verlieren. Niederlagen sind schmerzhaft und beißen sich in unseren Gedanken fest. Aber was wäre, wenn jede Niederlage und jeder Rückschlag in Wirklichkeit ein Gewinn ist? Ein Gewinn, der uns körperlich und mental stärker macht und uns auf den Erfolg vorbereitet? Entscheidend ist, mit welchem Fokus wir das Geschehene betrachten und welche Bedeutung wir ihm geben.

Scheitern ist nicht das Gegenteil von Erfolg. Es ist ein wichtiger Teil davon.

Auf einen Blick
Erfolgreiche Menschen sind dankbar für Niederlagen. Sie wissen, dass Misserfolge ein wichtiger Bestandteil des Erfolgswegs sind. Mit dem richtigen Fokus wachsen wir an Niederlagen. Besonders im Spitzensport kann man es immer wieder sehen, wenn Sportler nach bitteren Niederlagen immer wieder stärker zurückkommen – so wie es bei jedem erfolgreichen Menschen der Fall ist. Erfolgreiche Menschen verlieren nicht, sie lernen hinzu.

6.3 Niederlagen und Rückschläge positiv nutzen

Einer der Hauptunterschiede zwischen erfolgreichen und erfolglosen Menschen ist der Umgang mit Niederlagen. Erfolglose Menschen verdrängen oder ignorieren ihre Niederlagen. Erfolgreiche Menschen nutzen Niederlagen, um sich persönlich weiterzuentwickeln. Jeder von uns hat mit Niederlagen und Rückschlägen zu kämpfen. Privat. Beruflich – völlig egal. Die entscheidende Frage ist nur, wie wir damit umgehen.

Niederlagen eingestehen

Wer Niederlagen positiv nutzen möchte, der muss sich in einem ersten Schritt seinen Rückschlägen stellen. Viele Menschen scheitern schon daran, sich ihr persönliches Scheitern einzugestehen, und suchen die Schuld bei anderen. Das ist der einfachste Weg. Man muss sich mit seinen Fehlern nicht auseinandersetzen und hat direkt eine Ausrede – und wenn andere an unseren Niederlagen nicht schuld sind, dann gibt es ja immer noch das Schicksal, das es nicht gut mit einem meint. Alles das sind Ansichten von erfolglosen Menschen.

Jeder erfolgreiche Mensch hingegen weiß: Die Einzigen, die für Niederlagen und Rückschläge verantwortlich sind, sind wir selbst. Es mag sein, dass die äußeren Umstände nicht unbedingt auf unserer Seite gewesen sind, aber das ist noch lange nicht der Grund für Niederlagen.

Enttäuschung zeigen

Es gibt kein Gesetz, das es uns verbietet, unsere Enttäuschung und unseren Frust über Niederlagen und Rückschläge zu zeigen. Viele Menschen freuen sich ausgelassen über erreichte Ziele und Situationen, die sie fantastisch gemeistert haben. Bei Misserfolgen bleiben sie aber gefühlsneutral. Der Schmerz, die Enttäuschung und der Frust werden einfach verdrängt oder gänzlich ignoriert. Es ist ja auch das Beste, denn es soll so oder so keiner sehen, dass man gerade eine Enttäuschung hat einstecken müssen.

Bitte vergessen Sie den letzten Satz! Lassen Sie nach Niederlagen Ihrer Enttäuschung freien Lauf. Weinen, schreien, fluchen – es ist alles erlaubt. Für die Verarbeitung von Misserfolgen sind solche Emotionen enorm wichtig. Wer solche Gefühle unterdrückt, braucht wesentlich länger, um Niederlagen zu verarbeiten. Wer solche Gefühle verdrängt, wird irgendwann unverhofft und urplötzlich von ihnen eingeholt oder schafft es gar nicht, diese Situationen zu überwinden.

Besonders im Spitzensport können Sie es immer wieder sehen, wenn Sportler und Sportlerinnen nach bitteren Niederlagen weinend am Boden oder ihren Teamgefährten in den Armen liegen. Negative Emotionen nach Misserfolgen werden hier intensiv ausgelebt – und dafür muss sich niemand schämen. Es ist der erste Schritt zur Verarbeitung und somit zum Weitermachen. Je schneller eine Niederlage verarbeitet ist, desto schneller können wir uns einem neuen Ziel widmen.

Niederlagen sind temporär

Nein, Niederlagen sind nicht das Ende der Welt. Sie sind auch nicht die Endstation in Ihrem persönlichen Vorhaben und schon gar nicht die Endstation auf Ihrem Erfolgsweg. Niederlagen und Rückschläge sind temporär. Sie kommen, gehen aber auch wieder. Werden Sie sich darüber bewusst. Wer sich Niederlagen hingegen immer wieder neu vor Augen hält und sich darauf fokussiert, der wird nie einen Grund finden, weiterzumachen oder es noch einmal zu versuchen.

Analyse, Analyse, Analyse

Ja, es tut weh, sich mit seinen Niederlagen auseinanderzusetzen. Und ja: Wir müssen Rückschläge bis ins kleinste Detail analysieren. Nehmen Sie den Profi-Fußball als Beispiel: Wenn der FC Bayern ein Spiel verliert, wird die Niederlage in den ersten Tagen danach vom Grund aus aufbereitet. Alle Fehlerquellen werden analysiert und sachlich angesprochen – mit dem Ziel, solche Fehler in der Zukunft zu vermeiden. Nur wer weiß, was er falsch gemacht hat, kann perspektivisch etwas ändern.

Wer nach einem Bewerbungsgespräch der festen Überzeugung ist, den neuen Job zu bekommen und die Gesprächspartner überzeugt zu haben, der wird umso enttäuschter sein, wenn er den Job dann doch nicht bekommt. Das nur zu akzeptieren ist eine Möglichkeit – die andere wäre es, einmal nachzufragen, warum es denn für Sie für den Job nicht gereicht hat. Feedback ist die beste Form der Rückmeldung. Vielleicht bekommen Sie keine triftigen Gründe genannt. Vielleicht war es seitens des potenziellen neuen Arbeitgebers einfach nur das bessere Bauchgefühl, das einem anderen Bewerber den Job eingebracht hat. Vielleicht bekommen Sie aber auch konstruktive Kritik dazu, was Sie eben nicht so gut gemacht haben oder was Ihnen vielleicht fachlich noch fehlt. Mit diesen Informationen können Sie arbeiten. Viel mehr noch: Sie können diese Informationen nutzen, um besser zu werden.

Auf einen Blick
Niederlagen dienen als Quelle der Inspiration. Ja, sie tun weh. Ja, sie sind unangenehm! Und ja, sie können uns kurzzeitig aus dem Gleichgewicht bringen. Wenn wir uns diesen Misserfolgen aber stellen, anstatt sie zu ignorieren oder zu verdrängen, zeigen sie uns auf, was wir in Zukunft besser machen können. Wer Niederlagen positiv nutzt, um sich zu verbessern, der wird irgendwann erfolgreich sein.

6.4 Sorgen und Ängste loslassen: Was zählt, ist das Hier und Jetzt

Ich wollte Tennisprofi werden. Mit sechzehn Jahren spielte ich bereits in der höchsten Klasse Deutschlands. Mit siebzehn Jahren gewann ich mein erstes internationales Turnier. Mit achtzehn Jahren fing meine Schulter an zu schmerzen. Mit neunzehn war klar: An eine professionelle Tenniskarriere war nicht mehr zu denken. Was wäre, wenn die Schulter gehalten hätte? Wäre ich dann Tennisprofi geworden? Ich kann Ihnen diese Fragen nicht beantworten. Ich kann mir selbst diese Fragen nicht beantworten – und eines können Sie mir glauben: Diese Fragen drängen sich in regelmäßigen Abständen in meine Gedanken. Jedes Mal wenn solche Gedanken da sind, komme ich jedoch zu den gleichen Antworten, denn ich weiß, was nicht gewesen wäre. Ich hätte nicht studiert. Ich wäre nicht in der Sportlervermarktung gelandet. Ich hätte nicht diese fantastischen Erfahrungen mit Spitzensportlern anderer Sportarten gemacht. Und ganz sicher würde ich nicht auf einer Bühne stehen und Vorträge halten oder ein Buch veröffentlichen. Sobald ich mir das vor Augen halte, komme ich immer wieder zu der gleichen Erkenntnis: Gott sei Dank bin ich nie Tennisprofi geworden.

Wir sehen immer nur das eine, was wir nicht erreicht haben, anstatt die vielen Dinge zu sehen, die wir erreicht haben. Ich habe das nicht und das nicht und das hätte ich auch gerne. Wenn das früher bloß anders gelaufen wäre, dann … – ja, dann. Ist es aber nicht. Es ist nicht anders gelaufen. Wenn wir immer nur der Vergangenheit hinterher trauern und uns ständig fragen, was gewesen wäre, wenn, dann verpassen wir die Gegenwart. Das Hier und Jetzt.

Es geht doch nicht immer nur um das eine Ziel. Es geht um den Weg, den wir gehen. Scheitern ist nicht das Gegenteil von Erfolg. Es ist ein wichtiger Teil davon. Glauben Sie mir, es gewinnt nie der Stärkste oder der Beste – es gewinnt immer der, der mit den Niederlagen am besten umgeht.

Acht Monate nach meiner Schulterdiagnose bin ich mit meinem nächsten Ziel durchgestartet: Der Traum vom Sportmanager. Vier Jahre später hatte ich mein Studium abgeschlossen und nur ein Jahr nach meinem Studium arbeitete ich bereits im Management eines Formel-1-Piloten.

Warum erzähle ich Ihnen das? Zu viele Menschen trauern verpassten Chancen hinterher, leben in der Vergangenheit und beschäftigen sich mit Fragen, was morgen wohl sein wird. Was ist, wenn mein Vorhaben schiefgeht? Werde ich finanziell abgesichert sein? Was ist, wenn ich es nicht schaffe? Was wäre, wenn ich diese eine Chance genutzt hätte? Mit solchen Fragen nehmen Sie sich alle Möglichkeiten auf Erfolg. Was Sie aber bekommen, sind Sorgen und Ängste. Solche Fragen bringen einen nicht weiter, denn es gibt keine Antworten. Wir können weder das ändern, was in der Vergangenheit passiert ist, noch können wir vorhersehen, was in der Zukunft sein wird oder hätte sein können. Es gibt nur zwei Tage im Jahr, an denen wir nichts machen können. Der eine ist gestern, der andere morgen.

Es ist egal, was gestern war. Genau genommen ist es egal, was vor ein paar Sekunden war. Es ist Vergangenheit. Erfolgreiche Menschen legen ihren Fokus ins Hier und Jetzt. Sie fokussieren sich auf den Moment. Wenn ich während eines Tennismatches in einer wichtigen Situationen einen ziemlich blöden Fehler mache, habe ich zwei Möglichkeiten:

Ich kann mich tierisch über den Fehler aufregen oder ich akzeptiere ihn und hake den Fehler ab. Was, glauben Sie, ist besser? Rege ich mich über den dämlichen Fehler auf, ist mein Fokus in der Vergangenheit. Ein paar Sekunden später wird aber schon der nächste wichtige Punkt gespielt – gedanklich bin ich aber noch bei dem Punkt davor. Akzeptiere ich den dämlichen Fehler, kann ich mich sofort auf den nächsten wichtigen Punkt konzentrieren – weil mein Fokus in der Gegenwart liegt.

Pete Sampras, einer der erfolgreichsten Tennisspieler aller Zeiten, hat einmal gesagt: »Ich versuche nie, ein Turnier zu gewinnen. Ich versuche auch nie, einen Satz oder ein Spiel zu gewinnen. Ich will nur diesen Punkt gewinnen.« Das Gleiche gilt für unser Leben. Wir können nur gewinnen, wenn wir die einzelnen Punkte gewinnen. Wer aber an das denkt, was eben war oder gleich eventuell sein wird, wird diesen Punkt nicht machen – weil er den falschen Fokus hat.

Viele Menschen leben gedanklich in der Vergangenheit oder der Zukunft. Heute noch daran denken, was gestern alles schiefgelaufen ist. Oder aber während des 16-Uhr-Meetings gedanklich schon im Feierabend sein und sich fragen, ob der Streit mit dem Partner oder der Partnerin von heute Morgen wohl weitergeht. Solche Gedanken hindern uns, punktgenaue Höchstleistungen zu erbringen. Viel mehr noch: Sie lassen Sorgen und Ängste entstehen. Das bedeutet nicht, dass Menschen, die ihren Fokus in das Hier und Jetzt legen, keine Ängste und Sorgen haben – das haben sie. Aber bei Weitem nicht in dem Ausmaß wie Menschen, die auf das fokussiert sind, was in der Vergangenheit war und in der Zukunft deswegen niemals sein wird.

Auf einen Blick

Viele Menschen sind auf das fokussiert, was gestern war, heute hätte sein können und dementsprechend morgen niemals sein wird. Aber es ist egal, was gestern war, genauso wie es egal ist, was morgen ist. Erfolgreiche Menschen fokussieren sich auf das Hier und Jetzt. Auf die Gegenwart. Das heißt nicht, dass sie nichts planen – sie konzentrieren sich auf die 24 Stunden, die vor ihnen liegen und versuchen ihr absolut Bestes zu geben.

6.5 Die beste Version des eigenen Ichs

Jeder von uns versucht sein Bestes zu geben. Zumindest behaupten viele Menschen das immer von sich. Die Wahrheit aber ist: Es ist ein großer Unterschied, ob wir unser Bestes versuchen oder aber unser Bestes tatsächlich geben. Lassen Sie einfach mal den gestrigen Tag vor Ihrem inneren Auge Revue passieren. Können Sie guten Gewissens sagen, dass Sie in allen Situationen wirklich Ihr Bestes gegeben haben? Bei einem Mitarbeitermeeting? Einem Kundengespräch? Der

Arbeit an einem Konzept? Abends beim Sport? In Ihrem Privatleben?

Jeder erfolgreiche Mensch ist bestrebt, genau das zu tun. Sie fokussieren sich darauf, in allen Situationen ihr absolut Bestes zu geben. Das wiederum geht nur, wenn man sich auf das Hier und Jetzt fokussiert, wie im vorherigen Kapitel angesprochen.

Erfolgreiche Menschen geben aber nicht nur in allen Situationen ihr Bestes, sie fokussieren sich auch darauf, sich jeden Tag weiterzuentwickeln – mithilfe ihrer besten Leistung. Ich kann Ihnen ganz offen sagen, dass ich mich jeden Tag aufs Neue darauf fokussiere, besser zu werden. Ich will heute besser sein, als ich gestern war. Alle Erfahrungen, die ich im Laufe eines Arbeitstages oder auch in meinem Privatleben mache, nutze ich, um besser zu werden. Jeden Abend, wenn ich zu Bett gehe, frage ich mich, ob ich heute mein Bestes gegeben habe. Natürlich ist das nicht immer der Fall. Es ist kein Automatismus, den ich jeden Tag aufs Neue abrufen kann. Ich muss mich jeden Tag neu darauf fokussieren. Komme ich einmal zu der Erkenntnis, nicht mein Bestes gegeben zu haben, fokussiere ich mich am nächsten Tag noch bewusster darauf – einzig um besser werden.

Jeder von uns kann jeden Tag nutzen, um ein kleines Stückchen besser zu werden, als er es gestern war.

Der Fokus des Erfolgs: Jetzt, in diesem Augenblick, die beste Version des eigenen Ichs zu sein. Glauben Sie mir, Ihre Zukunft wird um ein Vielfaches positiver und erfolgreicher sein, wenn Sie in allen Situationen Ihres Lebens Ihr absolut Bestes geben. Dieser Fokus wird sich auch auf die Wahrnehmung von Niederlagen auswirken, denn sie werden weniger schlimm sein. Warum? Sie können in den Spiegel gucken und sagen, dass Sie Ihr absolut Bestes gegeben haben. Wie viele Menschen können das schon von sich behaupten?

Eines können Sie mir auch glauben: Es ist ein richtig mieses Gefühl, sich irgendwann selbst fragen zu müssen, ob man denn auf dem Weg zur Zielerreichung sein Bestes gegeben hat. Ob man alles versucht hat und alles aus sich herausgeholt hat. Ich wünsche keinem Menschen, dass er irgendwann in seinem Leben einmal zu der Erkenntnis kommt, dass er viel mehr hätte erreichen können, wenn er einfach mehr gegeben hätte. Ich bin erst Anfang dreißig, aber ich bin mir sehr sicher, dass es eine Erkenntnis ist, die einen unglücklich macht. Zu wissen, man hätte wesentlich mehr vollbringen können, war aber zu faul und hat sich stets hängen lassen und nicht immer 100 Prozent gegeben. Besonders nach sportlichen Niederlagen ging es mir immer am schlechtesten, wenn ich wusste, dass ich mehr hätte geben können.

Fangen Sie an, Ihr bestes Ich zu präsentieren. Fokussieren Sie sich immer wieder aufs Neue darauf, alles zu geben, alles zu versuchen und einfach Ihr Bestes zu geben. Jeder Moment kann unser Leben verändern, besonders wenn wir unser Bestes geben. Lassen Sie nichts unversucht, geben Sie immer alles!

Auf einen Blick

Der Fokus aller erfolgreichen Menschen: Jetzt, in diesem Augenblick sein absolut Bestes zu geben, die beste Version des eigenen Ichs zu sein. Unsere Zukunft wird um ein Vielfaches positiver sein, wenn wir in allen Situationen unseres Lebens unser Bestes geben – und wie viele Menschen können das schon von sich behaupten?

Zum Abschluss

Ziele, Warum, Selbstvertrauen, Gedanken, Fokus – fünf Erfolgsfaktoren, mit denen Sie mentale Voraussetzungen für Ihren persönlichen Erfolg schaffen. Viel mehr noch: Mit diesen fünf Faktoren können Sie alles in Ihrem Leben erreichen, jeden Traum leben. Wer auf der Mentalebene erfolgreich ist, der wird automatisch auch auf der Handlungsebene erfolgreich sein. Sie werden punktgenau in Höchstform sein und auf Ihrem Weg jede Herausforderung mit Ihrer absolut besten Leistung bewältigen. Am Ende des Tages wartet der Erfolg.

Mir ist es zum Abschluss des Buches ein persönliches Bedürfnis, Ihnen noch einen letzten Tipp zu geben: Halten Sie die Reihenfolge dieser fünf Erfolgsfaktoren ein! Beginnen Sie mit einem Ziel, finden Sie ein Warum, arbeiten Sie an Ihrem Selbstvertrauen, nutzen Sie die Macht Ihrer Gedanken und ändern Sie Ihren Fokus. Alle fünf Faktoren bauen aufeinander auf. Der eine ist ohne den anderen nichts wert. Es bringt auch nichts, von hinten anzufangen, weil Sie vielleicht das dringende Bedürfnis haben, Ihren Fokus zu verändern. Ziele, Warum, Selbstvertrauen, Gedanken, Fokus.

Machen Sie was draus, lieber Leser! Nutzen Sie Ihr volles Potenzial! Machen Sie Ihr Leben einzigartig! Jetzt!

Ihr

Danke

Meine letzten niedergeschriebenen Worte dieses Buches möchte ich gerne nutzen, um Danke zu sagen. Ich möchte mich allen voran bei meiner Familie bedanken. Ganz besonders natürlich bei meinen Eltern, die mich auf meinem Weg stets bedingungslos unterstützt haben und auch immer unterstützen werden.

Besonderer Dank geht auch an Oliver Hilse, ohne den das Buchprojekt und vieles andere in den letzten Jahren nicht möglich gewesen wäre. Danke!

Ein großes Danke an Marcel Göllnitz, der es wahrlich nicht immer einfach mit mir hat. Uns verbindet eine tiefe Freundschaft, die von gegenseitigem Respekt und Unterstützung geprägt ist.

Abschließend bedanke ich beim BusinessVillage-Verlag für die hervorragende Zusammenarbeit und Umsetzung. Mir hat es großen Spaß gemacht, mit dem Verlag auf einer äußerst professionellen und menschlichen Ebene das Projekt umzusetzen. Besonderer Dank geht an Christian Hoffmann für die Chance, mein Thema im Verlag zu veröffentlichen.

Zu guter Letzt: Vielen Dank an Sie, liebe Leser! Das Wichtigste an diesem Buch sind Sie. Danke!

Literaturverzeichnis

Baumann, Sigurd (2015): Psychologie im Sport. Psychische Belastungen meistern. Mental trainieren. Konzentration und Motivation. 6. Auflage, Meyer & Meyer Verlag, Aachen.

Bandura, A. (1993): Perceived self-efficacy in cognitive development and functioning. Educational Psychologist, 117–138, Lawrence Erlbaum Associates, New Jersey.

Bandura, A. (1977): Self-efficacy: Toward a unifying theory of behavioral change. Psychological Review, Heft 84, 191–215.

Bossaller, Matthias (2008): Gefeiert, verhöhnt, gefürchtet. [online] http://www.tagesspiegel.de/sport/kahn-tritt-ab-gefeiert-verhoehnt-gefuerchtet/1236096.html.

Clark, B. C.; Mahato, N. K., Nakazawa, M.; Law, T. D.; Thomas, J. S. (2014): The power of the mind: the cortex as a critical determinant of muscle strength/weakness. Journal of Neurophysiology, Heft 12, S. 112.

Gabler Wirtschaftslexikon, Stichwort: Motivation. [online] http://wirtschaftslexikon.gabler.de/Archiv/55007/motivation-v6.html, Wiesbaden.

Heckhausen, Jutta; Heckhausen, Heinz (2011): Motivation und Handeln. 4. Auflage, Springer Verlag, Berlin/Heidelberg.

Juul, Jesper (2003): Selbstvertrauen und Selbstbewusstsein. Ein gesundes Selbstbewusstsein ist die Grundlage für die Entwicklung von Selbstvertrauen. Kempler Institut of Skandinavia, Heft 14, S. 5–27.

Kaufer, Silvia (2015): Der Schlüssel zum Erfolg. Mit der richtigen Strategie persönlich wachsen und seine Ziele erreichen. 1. Auflage, Books on demand, Norderstedt.

Matthews, Gail (2015): Study focuses on strategies for achieving goals, resolutions. [online] http://www.dominican.edu/dominicannews/study-highlights-strategies-for-achieving-goals.

Merkle, Rolf (2017): Selbstwirksamkeit. [online] https://www.palverlag.de/lebenshilfe-abc/selbstwirksamkeit.html.

Stritzelberger, Reinhold; Gerst, Peter (2015): Willensstärke. Energien freisetzen und Ziele erreichen. 1. Auflage, Haufe Verlag, Freiburg.

Resilienz

Denis Mourlane
Resilienz
Die unentdeckte Fähigkeit der wirklich
Erfolgreichen
10. Auflage 2019

226 Seiten; 24,80 Euro
ISBN 978-3-86980-249-7; Art.-Nr.: 940

Erfolgreiche Menschen haben eine Eigenschaft, die sie von anderen unterscheidet und doch sofort wahrnehmbar ist: Gelassenheit. Sie meistern schwierige Situationen scheinbar mit Leichtigkeit, persönliche Angriffe prallen an ihnen ab und selbst unter hohem Druck büßen sie ihre Leistungsfähigkeit nicht ein.

Was machen diese Menschen anders? Sie beherrschen die Gelassenheit im Umgang mit sich, mit ihren Mitmenschen und mit den Herausforderungen, die das Leben und ihre tägliche Arbeit für sie bereithalten. Eine Eigenschaft, nach der sich immer mehr Menschen sehnen und die in der heutigen Zeit immer bedeutender wird. Resiliente Menschen verbinden diese Fähigkeit mit einer erstaunlichen Zielorientierung, Konsequenz und Disziplin in ihrem Handeln und erreichen dadurch etwas, was sie von vielen anderen unterscheidet: persönlichen Erfolg UND ein sehr großes Wohlbefinden.

In einer der wahrscheinlich spannendsten Reisen, der Reise zu Ihrem eigenen Leben, bringt Ihnen Dr. Denis Mourlane das Konzept der Resilienz näher und zeigt Ihnen, wie Sie es in Ihren Alltag integrieren.

Das Wellenmut-Prinzip

Brigitta C. Kemner
Das Wellenmut-Prinzip
Den Höhen und Tiefen des Lebens frei und
erfüllt begegnen
1. Auflage 2017

276 Seiten; 24,95 Euro
ISBN 978-3-86980-357-9; Art.-Nr.: 1004

Unser Leben besteht aus Höhen und Tiefen. Nicht alles ist planbar, vieles ändert sich rasend schnell. Gerade noch dürfen wir Erfolge feiern und müssen plötzlich Widrigkeiten meistern, Ziele neu ausrichten und unseren Lebensentwurf daran anpassen.

Wie können wir diesen Höhen und Tiefen des Alltags frei und erfüllt begegnen? Wie erhalten wir Zuversicht, Selbstvertrauen und Balance? Wie finden wir zu uns selbst und unseren wirklichen Bedürfnissen? Wie gelingt uns der Spagat zwischen Alltagsstress und persönlicher Zufriedenheit?

Brigitta C. Kemners Buch liefert Antworten auf diese Fragen und räumt mit der weitverbreiteten Vorstellung auf, dass ein starker, positiv denkender Wille, ehrgeizige Lebensziele oder Flucht in die Spiritualität Ruhe und Erfüllung bringen.

Es gibt humorvoll und eingängig Antworten auf die zentralen Lebensfragen, die uns früher oder später alle etwas angehen. Mit vielen persönlichen Beispielen, Anekdoten und Geschichten aus dem Coachingalltag vermittelt Kemner dem Leser das Gefühl, sich auf Augenhöhe gespiegelt zu sehen. Das Buch inspiriert, selbst das Steuer des Lebens in die Hand zu nehmen, denn erst Bewusstheit und Aktivität machen uns frei und verändern Horizonte. Wir können innerlich aufblühen, unser volles Potenzial erkennen und zur Ruhe kommen. Wie das gelingt, beschreibt dieses Buch.

Motivier dich selbst

Nicola Fritze
Motivier dich selbst. Sonst macht's keiner!
50 Impulse, um in Schwung zu kommen
3. Auflage 2018

208 Seiten; 14,99 Euro
ISBN 978-3-86980-343-2; Art.-Nr.: 994

Unzufrieden im Job, zu wenig Bewegung, Frust oder Dauerstress? Dann verändere dein Leben! Du weißt, es muss sich was ändern. Nur wo fängst du an? Und wie?

Wenn du weiterhin auf den motivierenden Schubser von außen wartest, kannst du lange warten. »Motivier dich selbst. Sonst macht's keiner!« gibt dir 50 Impulse, wie du in kleinen Schritten Veränderungen anstößt und Schwung in dein Leben bringst.

Nicola Fritze, Deutschlands erfolgreiche Motivationsexpertin, zeigt dir, wie du das Steuer selbst in die Hand nimmst, Frustration abschüttelst, das ewige Aufschieben beendest und in deinem Leben durchstartest.

Mit diesem Buch richtest du deinen inneren Kompass neu aus und veränderst dein Denken, Wahrnehmen und Handeln. Du wirst innere Blockaden überwinden, dich von schlechten Angewohnheiten trennen, dein Selbstwertgefühl steigern und mit Gelassenheit und Freude der Mensch sein, der du sein willst.

Gelassen gewinnen

Martin Christian Morgenstern
Gelassen gewinnen
Ab jetzt reitest du den Affen!
4. Auflage 2017

248 Seiten; 24,80 Euro
ISBN 978-3-86980-238-1; Art.-Nr.: 929

Das Leben ist seit jeher stets ein Gewinnen und Verlieren: Besitz, Menschen, Gesundheit, Leben, Zeit, Nerven, Geld ... Bedingt durch die zunehmende Schnelligkeit der heutigen Welt wird dieses Spiel mit Gewinn und Verlust immer schneller und unberechenbarer. Das führt unser – immer noch steinzeitliches – Gehirn an seine Grenzen. Wir fühlen uns getrieben, unzufrieden und ein nicht enden wollendes Gefühl des Ich-muss-noch-etwas-machen.

Zeit, Gelassenheit als neue Überschrift für Ihr Leben zu wählen und im Kopf für angenehme Ruhe zu sorgen. Denn mit dem gezielten Verändern des Körperzustands ändert sich auch das mentale Empfinden und Ihr Gehirn beginnt, immer weniger auf ehemalige Stressreize zu reagieren. Ab jetzt reiten Sie den inneren Affen!

Wie das gelingt, zeigt Top-Trainer Dr. Martin Christian Morgenstern. Die Zutaten dafür heißen gesunder Körper, gekonnte Stresssteuerung und das Loslassen von Ängsten. Dafür müssen Sie Ihr Leben keineswegs auf den Kopf stellen, denn Gelassenheit lässt sich handfest über ganz einfache Techniken entwickeln. So werden Sie in wenigen Wochen zu einem gelassenen Gewinner Ihres Lebens!